Die andere Tradition

Callwey Verlag

Architektur in München
von 1800 bis heute

Die andere Tradition

Ausstellungsreihe
der Bayerischen Rück
»Erkundungen«

Callwey Verlag

Katalog zur Ausstellung
»Die andere Tradition«
Ausstellung Nr. 3
In der Reihe »Erkundungen«
Dezember 1981 bis Ende 1982

Herausgegeben von der
Bayerischen Rückversicherung
Aktiengesellschaft
Sederanger 4–6
8000 München 22
Telefon 089/3844-1

Konzeption und Text:
Wend Fischer

Fotos:
Sigrid Neubert

Gestaltung der Ausstellung:
Otl Aicher

Gestaltung des Katalogs:
Otl Aicher
Hans Neudecker

Realisation:
Hans Hermann Wetcke

2. Auflage 1982

Inhalt

Anmerkung des Herausgebers

»Alles, was Gutes in München geschieht, geschieht trotzdem.« Diese Maxime von Frank Wedekind aus dem Jahr 1912 zitierte Jürgen Kolbe in seiner Rede zur Eröffnung unserer Ausstellung: »Schatten über München« im November 1980. Mit der nun folgenden dritten Ausstellung in unserer Reihe »Erkundungen« läßt sich nahtlos anknüpfen an Kolbes Zitat: Auch die Moderne in der Münchner Architektur erschien und erscheint »trotzdem«. So ist dieses Thema geeignet für unsere Ausstellungsarbeit, mit welcher wir versuchen, neue Wege nicht nur zu suchen, sondern sie auch zu begehen. Dabei nicht Ziele ins Auge fassend, eher eine Mentalität, nicht programmatisch und mit Pathos etwas betreiben, sondern vielmehr neugierig und kritisch.

Mit den Beteiligten Otl Aicher, Wend Fischer, Jürgen Habermas und Sigrid Neubert haben wir keine »bequemen« Partner ausgesucht. Denn hier liegt meines Erachtens die Chance: Ein Wirtschaftsunternehmen kann ungleich freier, ohne Zwänge und Auflagen einer allgewaltigen proporzdenkenden Administration, ein derartiges Podium für die Auseinandersetzung mit aktuellen Themen bieten. Auch vielleicht um den Schub notwendiger Sinnlichkeit vermehrt, der so vielen professionellen (Mammut)-Ausstellungen fehlt.

Den bereits genannten Gestaltern dieser Ausstellung möchten wir sehr herzlich danken. Über die hilfreiche Unterstützung durch die Architektursammlung der Technischen Universität München, das Stadtmuseum, das Stadtarchiv, das Deutsche Museum, die Staatsbibliothek, die Oberpostdirektion München, das Landbauamt, Architekten und Bauherren, haben wir uns sehr gefreut. Brigitte Glaser, Bayerische Rück, betreute die Produktion von Ausstellung und Katalog.

In der 2. Auflage haben wir den Katalog mit Literaturhinweisen zum Thema ergänzt.

Hans Hermann Wetcke
Bayerische Rück

Jürgen Habermas
Moderne und postmoderne Architektur

Rede zur Ausstellungseröffnung

Die Ausstellung gibt Anlaß, über den Sinn einer Präposition nachzudenken. Sie nimmt nämlich unauffällig Partei im Streit um die *post-* oder *nach*moderne Architektur. Mit diesem »nach« wollen sich die Protagonisten von einer Vergangenheit absetzen; der Gegenwart können sie einen neuen Namen noch nicht geben, weil wir auf die erkennbaren Probleme der Zukunft bis jetzt keine Antwort wissen. Formeln wie ›Nachaufklärung‹ oder ›Posthistoire‹ tun denselben Dienst. Solche Gesten der eilfertigen Verabschiedung passen zu Perioden des Übergangs.

Auf den ersten Blick wiederholen die »Postmodernen« von heute nur das Credo der sogenannten »Postrationalisten« von gestern. Leonardo Benevolo, der bedeutende Geschichtsschreiber der modernen Baukunst, charakterisiert diese, zwischen 1930 und 1933 gerade unter jüngeren Architekten verbreitete postrationalistische Richtung folgendermaßen: »Nachdem die moderne Bewegung auf ein System formaler Vorschriften gebracht ist, nimmt man an, daß der Ursprung des Unbehagens in der Enge und Schematik dieser Vorschriften liegt, und man glaubt, das Heilmittel liege wieder in einem formalen Umschwung, in einer Abschwächung des Technischen und der Regelmäßigkeit, in der Rückkehr zu einer menschlicheren, wärmeren Architektur, einer Architektur, die freier und den traditionellen Werten eindeutiger verbunden ist. Die Wirtschaftskrise bewirkt, daß diese Debatte in eine ganz kurze Zeitspanne zusammengedrängt wird. Die nationalsozialistische Diktatur, die folgt, schneidet sie endgültig ab und fungiert gleichzeitig als Prüfstein, indem sie offen zeigt, welche Entscheidungen sich hinter der stilistischen Polemik verbergen.«[1] Ich will keine falschen Parallelen suggerieren, sondern nur daran erinnern, daß die moderne Architektur nicht zum ersten Mal verabschiedet wird – und immer noch lebt.

Nun hat das Präfix, das uns in solchen Gesinnungs- und Richtungsbezeichnungen entgegentritt, nicht immer dieselbe Bedeutung. Gemeinsam ist den mit ›nach‹ oder ›post‹ gebildeten Ismen der Sinn des *Abstandnehmens*. Sie geben einer Erfahrung der Diskontinuität Ausdruck, nehmen aber zu der auf Distanz gebrachten Vergangenheit in verschiedener Weise Stellung. Mit dem Wort ›postindustriell‹ wollen beispielsweise die Soziologen nur sagen, daß sich der Industriekapitalismus *weiterentwickelt* hat, daß sich die neuen Dienstleistungssektoren auf Kosten des unmittelbar produktiven Bereichs ausgedehnt haben. Mit dem Wort ›postempiristisch‹ wollen die Philosophen zu erkennen geben, daß bestimmte normative Begriffe von Wissenschaft und wissenschaftlichem Fortschritt durch neuere Forschungen *überholt* sind. Die ›Poststrukturalisten‹ wollen den bekannten theoretischen Ansatz eher *vollenden* als überwinden. ›Postavantgardistisch‹ nennen wir schließlich die zeitgenössische Malerei, die sich der von der modernen Bewegung geschaffenen Formensprache souverän bedient, während sie die überschwenglichen Hoffnungen auf eine Versöhnung von Kunst und Leben *aufgegeben* hat.

Auch der Ausdruck ›postmodern‹ hat zunächst nur neue Varianten innerhalb des breiten Spektrums der Spätmoderne bezeichnet, als er im Amerika der 50er und der 60er Jahre auf literarische Strömungen angewendet wurde, die sich von den Werken der frühen Moderne absetzen wollten.[2] In einen affektiv aufgeladenen, geradezu politischen Schlachtruf verwandelt sich der »Postmodernismus« erst, seitdem sich in den 70er Jahren zwei konträre Lager des Ausdrucks bemächtigt haben: auf der einen Seite die *Neukonservativen*, die sich der vermeintlich subversiven Gehalte einer »feindseligen Kultur« zugunsten wiedererweckter Traditionen entledigen möchten; auf der anderen Seite jene radikalen *Wachstumskritiker*, für die das Neue Bauen zum Symbol einer durch Modernisierung angerichteten Zerstörung geworden ist. Nun erst geraten postavantgardistische Bewegungen, die durchaus noch die Bewußtseinsstellung der modernen Architektur geteilt hatten — und mit Recht von Charles Jencks als repräsentativ für die »Spätmoderne« beschrieben worden sind[3] — in den Sog der konservativen Stimmungslagen der 70er Jahre und bereiten der intellektuell spielerischen, aber provokativen Absage an die moralischen Grundsätze der modernen Architektur den Weg.[4]

Diese Beispiele der mit »post« gebildeten Ausdrücke erschöpfen nicht das Spektrum der Einstellungen zu einer Vergangenheit, von der man sich distanzieren will. Nur die Voraussetzung ist immer dieselbe: daß man eine Diskontinuität empfindet, den Abstand von einer Form des Lebens oder des Bewußtseins, der man zuvor »naiv« oder »unreflektiert« vertraut hatte.

Dies nun sind die Ausdrücke, mit denen seinerzeit Schiller und Schlegel, Schelling und Hegel die Diskontinuitätserfahrungen *ihrer* Zeit zu begreifen versuchten. Das Zeitalter der Aufklärung hatte das Kontinuum ihrer Gegenwart mit der Welt unmittelbar gelebter Traditionen, sowohl griechischer wie christlicher Überlieferungen, unwiderruflich durchbrochen. Die historische Aufklärung hat nicht erst das historistische Denken des späten 19. Jahrhunderts bestimmt. Allerdings wollten sich jene, im 18. Jahrhundert geborenen Klassiker und Romantiker mit dem Kontinuitätsbruch nicht einfach abfinden: durch eine *reflektierte Aneignung* der Geschichte wollten sie vielmehr ihren *eigenen* Weg finden. Dieser Impuls der idealistischen Versöhnungsphilosophie trägt auch noch die Suche nach einem neuen, synthetischen Baustil, der die erste Hälfte des 19. Jahrhunderts beherrscht hat.[5] Wie ein Nachklang dieses lebhaften Bedürfnisses liest sich das Preisausschreiben, mit dem Maximilian II. von Bayern 1850 die Architekten zu einem Wettbewerb aufforderte, aus dem der ersehnte neue Stil hervorgehen sollte — und aus dem tatsächlich die Maximilianstraße hervorgegangen ist. Erst in der zweiten Hälfte des 19. Jahrhunderts richtete man sich darauf ein, mit dem Pluralismus der kunsthistorisch vergegenwärtigten und vergegenständlichten Stile zu leben.

Nun erst schlagen sich die großen Leistungen der historischen Geisteswissenschaften, die die Vergangenheit, nach der Aufklärung, ein zweites Mal distanziert hatten, in einem janusköpfigen *historistischen Bewußtsein* nieder. Einerseits bedeutet der Historismus eine Fortsetzung und Radikalisierung der Aufklärung, die, wie Nietzsche sofort erkannt, die Bedingungen für die Ausbildung moderner Identitäten noch schärfer, noch unerbittlicher definiert; andererseits macht der Historismus geschichtliche Überlieferungen in idealer Gleichzeitigkeit disponibel und ermöglicht einer unsteten, vor sich selbst fliehenden Gegenwart eine Kostümierung in geliehenen Identitäten. Der Stilpluralismus, an dem man bis dahin eher gelitten hatte, wird nun zur Errungenschaft. Auf diese Situation hat der Jugendstil, hat dann die klassische Moderne eine Antwort gefunden, die bis heute aktuell geblieben ist. In der Kennzeichnung als »klassisch« verrät sich freilich auch der Abstand, den inzwischen wir wiederum von der modernen Bewegung unseres Jahrhunderts gewonnen haben. Deshalb müssen wir uns die Frage gefallen lassen, wie wir uns zu dieser erneut aufbrechenden Diskontinuität stellen.

Vor zehn Jahren hat Wend Fischer, als Direktor der Neuen Sammlung, eine vielbeachtete Ausstellung initiiert. Mit ihr wollte er einer neohistoristisch gestimmten Verehrung entgegenwirken, einer Nostalgie, die sich damals gerade des kontrastreichen Eklektizismus des 19. Jahrhunderts, des »Maskenfestes der Stile« bemächtigt hatte. Fischer wollte Tendenzen der »verborgenen Vernunft« sichtbar machen, indem er das 19. Jahrhundert als *Vorgeschichte* des modernen Bauens und der funktionalen Gestaltung präsentierte. Trotz des unübersehbaren Glaspalastes und der Schrannenhalle bedarf es einer ungleich anstrengenderen Fährtensuche, um nun in München, in diesem der Moderne eher abgewandten Raum, ähnliche Spuren der Vernunft zu entdecken — und weiterzuverfolgen bis in die Gegenwart. Aber nicht allein die Schwäche der Abdrücke, die die Moderne unter der Sonne der Wittelsbacher hinterlassen hat, kann den veränderten Tenor erklären: im Vergleich mit jener Ausstellung vor zehn Jahren treten heute defensive Züge stärker hervor. Der Streit um die Postmoderne, der nicht mehr nur in den Architekturzeitschriften ausgetragen wird, berührt auch die Bezugspunkte dieser beiden Rekonstruktionsversuche. Umkämpft ist die Warte, von der aus der Blick in die Vorgeschichte der modernen Bewegung schweift.

Die Fronten sind nicht leicht zu entwirren. Denn einig sind sich alle in der Kritik an der seelenlosen Behälterarchitektur, an dem fehlenden Umweltbezug und der solitären Arroganz ungegliederter Bürogebäude, an monströsen Großkaufhäusern, monumentalen Hochschulen und Kongreßzentren, an der fehlenden Urbanität und der Menschenfeindlichkeit der Satellitenstädte, an den Spekulationsgebirgen, den brutalen Nachkommen der Bunkerarchitektur, der Massenproduktion von Satteldachhundehütten, an der autogerechten Zerstörung der Citys usw[6] — so viele Stichworte, und kein Dissens weit und breit. Von Sigfried Giedion, der sich seit mehr als einem Menschenalter so leidenschaftlich für die moderne Architektur eingesetzt hat, stammen schon aus dem Jahre 1964 Sätze der Kritik, die heute Oswald Matthias Ungers oder Charles Moore schreiben könnten.[7] Freilich, was die einen als *immanente Kritik* vortragen, ist bei den anderen *Opposition zur Moderne*; dieselben Gründe, welche die eine Seite zur kritischen Fortsetzung einer unersetzlichen Tradition ermutigen, genügen der anderen Seite zur Aus-

rufung eines postmodernen Zeitalters. Und diese Opponenten wiederum ziehen entgegengesetzte Konsequenzen, je nachdem, ob sie das Übel kosmetisch oder systemkritisch angehen. Die *konservativ Gestimmten* begnügen sich mit stilistischen Verkleidungen dessen, was ohnehin geschieht — ob nun, wie Branca, als Traditionalist, oder wie der heutige Venturi als der Pop-Artist, der den Geist der modernen Bewegung in ein Zitat verwandelt und ironisch mit anderen Zitaten zu grellen, wie Neonröhren strahlenden Texten vermischt. Die radikalen *Antimodernisten* hingegen setzen den Hebel tiefer an, wollen die ökonomischen und administrativen Zwänge des industriellen Bauens unterlaufen, zielen auf eine Entdifferenzierung der Baukultur. Was für die eine Seite Stilprobleme sind, versteht die andere als Probleme der Entkolonialisierung zerstörter Lebenswelten. So sehen sich diejenigen, die das unvollendete Projekt der ins Schleudern geratenen Moderne fortsetzen wollen, verschiedenen Gegnern konfrontiert, die nur in der Entschlossenheit, von der Moderne Abschied zu nehmen, übereinstimmen.

Die moderne Architektur, die sich sowohl aus den organischen wie aus den rationalistischen Anfängen eines Frank Lloyd Wright und eines Adolf Loos entwickelt hat, die in den gelungensten Werken eines Gropius und Mies van der Rohe, eines Corbusier und Alvar Aalto zur Blüte gelangt ist, diese Architektur ist immerhin der erste und einzige verbindliche, auch den Alltag prägende Stil seit den Tagen des Klassizismus. Allein diese Baukunst ist dem Geist der Avantgarde entsprungen, ist der avantgardistischen Malerei, Musik und Literatur unseres Jahrhunderts ebenbürtig. Sie hat die Traditionslinie des okzidentalen Rationalismus fortgesetzt und war selber kräftig genug, Vorbilder zu schaffen, d. h. klassisch zu werden und eine Tradition zu begründen, die von Anbeginn nationale Grenzen überschritten hat. Wie sind diese kaum bestreitbaren Tatsachen damit zu vereinbaren, daß nach dem 2. Weltkrieg jene einhellig beklagten Deformationen in der Nachfolge, sogar im Namen eben dieses internationalen Stils zustandekommen konnten? Enthüllt sich in den Scheußlichkeiten das wahre Gesicht der Moderne — oder sind es Verfälschungen ihres wahren Geistes? Ich will mich einer provisorischen Antwort nähern, indem ich (1) die Probleme aufzähle, die sich im 19. Jahrhundert der Architektur gestellt haben, indem ich (2) die programmatischen Antworten nenne, die das Neue Bauen darauf gegeben hat und (3) zeige, welche Art von Problemen mit diesem Programm nicht gelöst werden konnte.

Diese Überlegungen sollen (4) dazu dienen, den Ratschlag zu beurteilen, den diese Ausstellung, wenn ich deren Intentionen recht verstehe, geben will. Wie gut ist der Rat, die Tradition der Moderne unbeirrt anzueignen und kritisch fortzusetzen, statt den heute dominierenden Fluchtbewegungen zu folgen — sei es in einen traditionsbewußten Neohistorismus, oder in jene ultramoderne Kulissenarchitektur, die sich im vergangenen Jahr auf der Biennale in Venedig dargestellt hat, oder in den Vitalismus des vereinfachten Lebens anonymen, bodenständigen und deprofessionalisierten Bauens?

(1) Die industrielle Revolution und die in ihrem Gefolge beschleunigte gesellschaftliche Modernisierung stellen im Laufe des 19. Jahrhunderts Baukunst und Stadtplanung vor eine neue Situation. Erwähnen möchte ich die drei bekanntesten Herausforderungen: — den qualitativ neuen Bedarf an architektonischer Gestaltung, die neuen Materialien und Techniken des Bauens, schließlich die Unterwerfung des Bauens unter neue funktionale, vor allem wirtschaftliche Imperative.

Mit dem Industriekapitalismus entstehen *neue Lebenssphären*, die sich der höfisch-kirchlichen Monumentalarchitektur ebenso entziehen wie der alteuropäischen Baukultur in den Städten und auf dem Land. Die Verbürgerlichung der Kultur und die Entstehung eines breiteren, kunstinteressierten und gebildeten Publikums verlangen nach neuen Bibliotheken und Schulen, Opernhäusern und Theatern; aber das sind konventionelle Aufgaben. Anders verhält es sich mit dem durch die Eisenbahn revolutionierten Verkehrsnetz, das nicht nur die Lokomotive zum Sinnbild der Dynamisierung und des Fortschritts erhebt, sondern den bekannten Verkehrsbauten, den Brücken und Tunnels, eine andere Bedeutung gibt und das mit der Konstruktion von Bahnhöfen eine neue Aufgabe stellt. Die Bahnhöfe sind charakteristische Orte für ebenso dichte und abwechslungsreiche wie anonyme und flüchtige Kontakte, also für jenen Typus der reizüberflutenden, aber begegnungsarmen Interaktionen, die das Lebensgefühl der großen Städte prägen sollten. Wie die Autobahnen, Flughäfen und Fernsehtürme zeigen, hat die Entwicklung des Verkehrs- und Kommunikationsnetzes immer wieder Anstöße zu Innovationen gegeben.

Das gilt damals auch für den Wirtschaftsverkehr, der nicht nur den Lagerhäusern und Markthallen neue Dimensionen abverlangte, sondern unkonventionelle Bauaufgaben mit sich brachte: das Kaufhaus und die Messehalle. Faszinierende Beispiele sind die ersten großen Glaspaläste der Industrieausstellungen in London, München und Paris. Vor allem die industrielle Produktion läßt aber mit den Fabriken, mit den Arbeitersiedlungen und den für den Massenkonsum hergestellten Gütern Lebensbereiche entstehen, in die Formgebung und architektonische Gestaltung zunächst nicht vordringen. Das soziale Elend des Frühindustrialismus überwältigt dessen Häßlichkeit; seine Probleme rufen den Staat, bürgerliche Sozialreformer, schließlich eine revolutionäre Arbeiterbewegung auf den Plan, und nicht die gestalterische Phantasie der Architekten — wenn man von den utopischen Entwürfen für die neue Industriestadt (von Robert Owen bis Tony Garnier) absieht.

In der zweiten Jahrhunderthälfte werden als erstes die Massenprodukte des täglichen Gebrauchs, die der stilprägenden Kraft der traditionellen Handwerkerkunst entglitten sind, als ein ästhetisches Problem wahrgenommen. John Ruskin und William Morris wollen die Kluft, die im Alltag der industriellen Lebenswelt zwischen Nützlichkeit und Schönheit aufgebrochen ist, durch eine Reform des Kunstgewerbes schließen. Diese Reformbewegung läßt sich von einem erweiterten, zukunftsweisenden Architekturbegriff leiten, der mit dem Anspruch zusammengeht, die *gesamte* physische Umwelt der bürgerlichen Gesellschaft architektonisch zu formen. Insbesondere Morris sieht den Widerspruch zwischen den demokratischen Forderungen, die auf eine universelle Teilhabe an Kultur hinauslaufen, und der Tatsache, daß sich im industriellen Kapitalismus immer weitere Lebensbereiche den prägenden kulturellen Mächten entfremden.

Eine zweite Herausforderung ergibt sich für die Architektur aus der Entwicklung *neuer Materialien* (wie Glas und Eisen, Gußstahl und Zement), und *neuer Produktionsmethoden* (vor allem der Verwendung von Fertigteilen). Die Ingenieure treiben im Laufe des 19. Jahrhunderts die Bautechnik voran und erschließen damit der Architektur Gestaltungsmöglichkeiten, die die klassischen Grenzen der konstruktiven Bewältigung von Flächen und Räumen sprengen. Die aus dem Gewächshausbau hervorgegangenen, mit standardisierten Teilen konstruierten Glaspaläste haben den faszinierten Zeitgenossen einen ersten Eindruck von neuen Größenordnungen und Konstruktionsprinzipien vermittelt; sie haben Sehgewohnheiten revolutioniert, und das Raumgefühl der Betrachter nicht weniger dramatisch verändert als die Eisenbahn die Zeiterfahrung der Reisenden. Das Innere des mittelpunktlosen, repetitiven Londoner Kristallpalastes muß wie eine Entschränkung aller bekannten Dimensionen des gestalteten Raumes gewirkt haben.

Die dritte Herausforderung ist schließlich die kapitalistische *Mobilisierung* von Arbeitskräften, Grundstücken und Bauten, großstädtischen *Lebensverhältnissen* überhaupt. Diese führt zur Konzentration großer Massen und zum Einbruch der Spekulation in den Lebensbereich des privaten Wohnens. Was heute die Proteste in Kreuzberg und anderswo auslöst, hat damals begonnen: in dem Maße wie der Hausbau zur amortisierbaren Investition wird, lösen sich die Entscheidungen über den Kauf und Verkauf von Grundstücken, über Bebauung, Abriß und Neubau, über Vermietung und Kündigung, aus Bindungen der familiären und der lokalen Tradition, sie machen sich, mit einem Wort, von Gebrauchswertorientierungen unabhängig. Die Gesetze des Bau- und Wohnungsmarktes verändern die Einstellung zu Bauen und Wohnen. Wirtschaftliche Imperative bestimmen auch das unkontrollierte Wachstum der Städte; daraus ergeben sich die Erfordernisse einer Art von Stadtplanung, die mit dem Ausbau der barocken Städte nicht zu vergleichen ist. Wie diese beiden Sorten von funktionalen Imperativen, die des Marktes und die der kommunalen und staatlichen Planung, zusammenwirken, einander durchkreuzen und die Architektur in ein neues System von Abhängigkeiten verstricken, zeigt sich in großem Stil bei der Umgestaltung von Paris durch Haussmann unter Napoleon III; an diesen Planungen hatten die Architekten keinen nennenswerten Anteil.

Wenn man den Impuls verstehen will, aus dem die moderne Architektur entstanden ist, muß man sich vergegenwärtigen, daß die Architektur in der zweiten Hälfte des 19. Jahrhunderts nicht nur von dieser dritten Herausforderung des Industriekapitalismus überwältigt worden ist, sondern daß sie auch die beiden anderen Herausforderungen zwar empfunden, aber nicht bewältigt hat.

Die willkürliche Disposition über wissenschaftlich objektivierte, aus ihrem Entstehungszusammenhang herausgerissene Stile setzt den Historismus instand, in einen ohnmächtig gewordenen Idealismus auszuweichen, und die Sphäre der Baukunst von den Banalitäten des bürgerlichen Alltags abzuspalten. Die Not der neuen, architektonischer Gestaltung entfremdeten Lebensbereiche wird in die Tugend umgemünzt, die Nutzarchitektur von künstlerischen Ansprüchen freizusprechen. Die Chancen der neuen technischen Gestaltungsmöglichkeiten werden nur ergriffen, um die Welt aufzuteilen zwischen Architekten und Ingenieuren, zwischen Stil und Funktion, zwischen prächtiger Fassade außen und verselbständigter Raumdisposition im Inneren. Deshalb hat die historisch gewordene Architektur auch der Eigendynamik des Wirtschaftswachstums, der Mobilisierung der großstädtischen Lebensverhältnisse, dem sozialen Elend der Massen nicht viel mehr entgegenzusetzen als die Flucht in den Triumph von Geist und Bildung über die (verkleideten) materiellen Grundlagen. Zum eindrucksvollen Symbol wird die Berliner Mietskaserne — »das Vorderhaus, dessen historisierende Fassade den Prestigewert der Wohnungen verbürgen und nebenbei auch den Feuerkassenwert des Hauses steigern sollte, war dem mittleren Bürgertum vorbehalten, während in den Hinterhäusern die ärmere Bevölkerung hauste«[8].

(2) Mit der historistischen Baukunst hat der Idealismus seine ursprünglichen Intentionen preisgegeben. Gewiß, auch Schelling und Hegel hatten die Architektur zur untersten in der Hierarchie der Künste erklärt, »denn das Material dieser ersten Kunst ist das an sich selbst Ungeistige – die nur nach den Gesetzen der Schwere gestaltbare Materie«[9]. Deshalb meint Hegel, daß »die geistige Bedeutung nicht ausschließlich in das Bauwerk selbst hineingelegt ist, sondern daß ... diese außerhalb der Architektur schon ihr freies Dasein gewonnen hat.«[10] Aber diesen Zweck, dem die Architektur dienen soll, begreift er als das Ganze des gesellschaftlichen Kommunikations- und Lebenszusammenhangs – »als menschliche Individuen, als Gemeinde, Volk.«[11] Diese Idee der Versöhnung gibt die historistische Architektur preis – der Geist, nicht länger Kraft der Versöhnung, speist nun die Dynamik der Kompensation einer verputzten, hinter Fassaden versteckten Wirklichkeit. In den lebensreformerischen Tendenzen des Jugendstils, aus dem die moderne Architektur hervorgeht, meldet sich bereits der Protest gegen diese Unwahrhaftigkeit, gegen eine *Baukunst der Verdrängung* und der Symptombildung. Nicht zu-

fällig entwickelt zur gleichen Zeit Sigmund Freud die Grundzüge seiner Neurosenlehre.

Die moderne Bewegung nimmt die Herausforderungen an, denen die Architektur des 19. Jahrhunderts nicht gewachsen war. Sie überwindet den Stilpluralismus und jene Abtrennungen und Aufteilungen, mit denen sich die Baukunst arrangiert hatte.

Der Entfremdung der industriekapitalistischen Lebensbereiche von der Kultur begegnet sie mit dem Anspruch eines Stils, der nicht nur Repräsentationsbauten prägt, sondern die Alltagspraxis durchdringt. Der Geist der Moderne soll sich der Totalität der gesellschaftlichen Lebensäußerungen mitteilen. Dabei kann die industrielle Formgebung an die Reform des Kunstgewerbes anknüpfen, die funktionale Gestaltung der Zweckbauten an die Ingenieurskunst der Verkehrs- und Wirtschaftsbauten, die Konzeption der Geschäftsviertel an die Vorbilder der Schule von Chicago. Darüber hinaus ergreift die neue Formensprache Besitz von den exklusiven Bereichen der Monumentalarchitektur, von Kirchen, Theatern, Gerichten, Ministerien, Rathäusern, Universitäten, Kurhäusern usw.; und andererseits erstreckt sie sich auf die Kernbereiche der industriellen Produktion, auf Siedlungen, sozialen Wohnungsbau und Fabriken.

Der neue Stil hätte freilich nicht auf alle Lebensbereiche durchschlagen können, wenn die moderne Architektur nicht die zweite Herausforderung, den immens erweiterten Spielraum technischer Gestaltungsmöglichkeiten, mit *ästhetischem Eigensinn* verarbeitet hätte. Das Stichwort »Funktionalismus« umschreibt bestimmte Leitvorstellungen, Grundsätze für die Konstruktion von Räumen, für die Materialverwendung, die Methoden der Herstellung und der Organisation; der Funktionalismus ist von der Überzeugung getragen, daß die Formen die Funktionen der Benutzung ausdrücken sollen, für die ein Bau geschaffen wird. Aber so neu ist das nicht; schließlich heißt es sogar bei dem klassizistisch gesonnenen Hegel: »Das Bedürfnis bringt in der Architektur Formen hervor, die ganz nur zweckmäßig sind und dem Verstand angehören: das Geradlinige, Rechtwinklige, die Ebenheit der Flächen«.[12] Der Ausdruck »Funktionalismus« legt zudem falsche Vorstellungen nahe. So verschleiert er, daß die mit ihm assoziierten Eigenschaften moderner Bauten das

Ergebnis einer konsequent verfolgten ästhetischen Eigengesetzlichkeit sind. Was fälschlich dem Funktionalismus zugeschrieben wird, verdankt sich einem ästhetisch motivierten, aus neuen Problemstellungen der Kunst selbst hervorgegangenen Konstruktivismus. Mit ihm ist die moderne Architektur dem experimentellen Zug der avantgardistischen Malerei gefolgt.

Die moderne Architektur befindet sich in einer paradoxen Ausgangssituation. *Auf der einen Seite* war Architektur stets zweckgebundene Kunst. Anders als Musik, Malerei und Lyrik, kann sie sich aus praktischen Bewandtniszusammenhängen so schwer lösen wie die literarisch anspruchsvolle Prosa von der Praxis der Umgangssprache – diese Künste bleiben im Netz von Alltagspraxis und Alltagskommunikation hängen: Adolf Loos sah sogar die Architektur mit allem, was Zwecken dient, aus dem Bereich der Kunst ausgeschlossen. *Auf der anderen Seite* steht die Architektur unter Gesetzen der kulturellen Moderne – sie unterliegt, wie die Kunst überhaupt, dem Zwang zur radikalen Autonomisierung, zur Ausdifferenzierung eines Bereichs genuin ästhetischer Erfahrungen, den eine von den Imperativen des Alltags, von Routinen des Handelns und Konventionen der Wahrnehmung freigesetzte Subjektivität im Umgang mit ihrer eigenen Spontaneität erkunden kann. Adorno hat die avantgardistische Kunst, die sich vom perspektivisch wahrgenommenen Gegenstand und der Tonalität, von Nachahmung und Harmonie löst, und die sich auf ihre eigenen Medien der Darstellung richtet, durch Schlüsselworte wie Konstruktion, Experiment und Montage gekennzeichnet. Die exemplarischen Werke, so meint er, frönen einem esoterischen Absolutismus »auf Kosten der realen Zweckmäßigkeit, in der Zweckgebilde wie Brücken oder industrielle Anlagen ihr Formgesetz aufsuchen ... Das autonome, einzig in sich funktionelle Kunstwerk dagegen möchte durch seine immanente Teleologie erreichen, was einmal Schönheit hieß.«[13] Adorno stellt also das »in sich« funktionelle Kunstwerk dem für »äußere Zwecke« funktionalen Gebilde gegenüber. In ihren überzeugendsten Beispielen fügt sich jedoch die moderne Architektur der von Adorno bezeichneten Dichotomie nicht.

Ihr Funktionalismus trifft vielmehr mit der inneren Logik einer Kunstentwicklung zusammen. Vor allem drei Gruppen bearbeiten die Probleme, die sich aus der kubistischen Malerei ergeben hatten – die Gruppe der Puristen um

Corbusier, der Kreis der Konstruktivisten um Malevitch, vor allem die De Stijl-Bewegung (mit van Doesburg, Mondrian und Oud). Wie damals Saussure die Strukturen der Sprache, so untersuchen die holländischen Neoplastizisten, wie sie sich nennen, die Grammatik der Ausdrucks- und Gestaltungsmittel, der allgemeinsten Techniken der bildenden Künste, um diese im Gesamtkunstwerk einer umfassenden architektonischen Gestaltung der Umwelt aufzuheben. »In Zukunft«, sagt van Doesberg, »wird die Verwirklichung des reinen darstellerischen Ausdrucks in der greifbaren Realität unserer Umwelt das Kunstwerk ersetzen.«[14] An den sehr frühen Hausentwürfen von Malevitch und Oud kann man sehen, wie aus dem experimentellen Umgang mit den Gestaltungsmitteln Gebilde wie die der funktionalistischen Bauhausarchitektur hervorgehen. Van Doesberg zieht 1922 nach Weimar, um in polemischen Auseinandersetzungen mit den Dozenten des Bauhauses die konstruktivistischen Grundlagen des funktionalistischen Bauens und Gestaltens einzuklagen. Trotz dieser Kontroversen ist die Entwicklungslinie deutlich, auf der auch Gropius die »neue Einheit von Kunst und Technik« anstrebt; in Bruno Tauts Schlagwort »was gut funktioniert, sieht gut aus« geht gerade der *ästhetische Eigensinn des Funktionalismus* verloren, der in Tauts eigenen Bauten so deutlich zum Ausdruck kommt.

Während die moderne Bewegung die Herausforderungen des qualitativ neuen Bedarfs und der neuen technischen Gestaltungsmöglichkeiten erkennt und im Prinzip richtig beantwortet, begegnet sie den systemischen Abhängigkeiten von Imperativen des Marktes und der planenden Verwaltung eher hilflos.

(3) Der erweiterte Architekturbegriff, der die moderne Bewegung seit William Morris inspiriert und zur Überwindung eines von der Alltagswirklichkeit abgehobenen Stilpluralismus ermutigt hat, war nicht nur ein Segen. Er hat die Aufmerksamkeit nicht nur auf wichtige Zusammenhänge zwischen der industriellen Formgebung, der Inneneinrichtung, der Architektur des Hausbaus und der Stadtplanung gerichtet; er hat auch Pate gestanden, als die Theoretiker des Neuen Bauens Lebensstile und Lebensformen *im ganzen* dem Diktat ihrer Gestaltungsaufgaben unterworfen sehen wollten. Aber Totalitäten wie diese entziehen sich dem planerischen Zugriff. Als Corbusier seinen Entwurf für eine ›unité d'habitation‹ endlich realisieren, dem

Gedanken einer ›cité jardin verticale‹ endlich konkrete Gestalt geben konnte, blieben gerade die Gemeinschaftseinrichtungen ungenutzt — oder wurden abgeschafft. Die Utopie einer vorgedachten Lebensform, die schon die Entwürfe Owens und Fouriers getragen hatte, konnte sich nicht mit Leben füllen. Und dies nicht nur wegen einer hoffnungslosen Unterschätzung der Vielfalt, Komplexität und Veränderlichkeit moderner Lebenswelten, sondern auch, weil modernisierte Gesellschaften mit ihren Systemzusammenhängen über Dimensionen einer Lebenswelt, die der Planer mit seiner Phantasie ausmessen konnte, hinausreichen. Die heute sichtbar gewordenen Krisenerscheinungen der modernen Architektur gehen weniger auf eine Krise der Architektur zurück als vielmehr darauf, daß diese sich bereitwillig hat überfordern lassen.

Mit den Unklarheiten der funktionalistischen Ideologie war sie zudem schlecht gewappnet gegen Gefahren, die der Wiederaufbau nach dem zweiten Weltkrieg, die Periode, in der sich der internationale Stil erst breitenwirksam durchgesetzt hat, mit sich brachte. Gewiß, Gropius betonte immer wieder die Verflechtung von Architektur und Städtebau mit Industrie, Wirtschaft, Verkehr, Politik und Verwaltung. Er sieht auch schon den Prozeßcharakter der Planung. Aber im Rahmen des Bauhauses tauchten diese Probleme in einem auf didaktische Zwecke zugeschnittenen Format auf. Und die Erfolge der modernen Bewegung verleiteten die Pioniere zu der unbegründeten Erwartung, daß sich eine »Einheit von Kultur und Produktion« auch in einem *anderen* Sinne herstellen ließe: die ökonomischen und politisch-administrativen Beschränkungen, denen die Gestaltung der Umwelt unterliegt, erscheinen in diesem verklärenden Licht bloß als Fragen der Organisation. Als die Vereinigung der amerikanischen Architekten 1949 in ihre Satzung die Bestimmung aufnehmen will, daß sich Architekten nicht als Bauunternehmer betätigen sollen, protestiert Gropius nicht etwa gegen die Unzulänglichkeit dieses Mittels, sondern gegen Zweck und Begründung des Antrags. Er beharrt auf seinem Credo: »Die zum allgemeinen Bildungsfaktor gewordene Kunst wird imstande sein, der sozialen Umwelt jene Einheit zu verleihen, welche die echte Basis einer Kultur ist, die jedes Ding, vom einfachen

Stuhl bis zum Haus des Gebets, umfaßt.«[15] In dieser großen Synthese gehen die Widersprüche unter, die die kapitalistische Modernisierung gerade auf dem Gebiet der Stadtplanung kennzeichnen – Widersprüche zwischen den Bedürfnissen einer geformten Lebenswelt auf der einen, den über die Medien Geld und Macht mitgeteilten Imperativen auf der anderen Seite.

Dem kam wohl auch ein linguistisches Mißverständnis, besser: ein Kategorienfehler zu Hilfe. »Funktional« nennen wir die Mittel, die für einen *Zweck* geeignet sind. In diesem Sinne versteht sich ein Funktionalismus, der die Bauten nach Maßgabe der Zwecke der Benutzer konstruieren will. »Funktional« nennen wir aber auch Entscheidungen, die einen anonymen Zusammenhang von Handlungsfolgen stabilisieren, ohne daß der Bestand dieses *Systems* von irgendeinem der Beteiligten gewollt oder auch nur beachtet werden müßte. Was in diesem Sinne systemfunktional ist für Wirtschaft und Verwaltung, beispielsweise eine Verdichtung der Innenstadt mit steigenden Grundstückspreisen und wachsenden Steuereinnahmen, muß sich im Horizont der Lebenswelt der Bewohner wie der Anlieger keineswegs als »funktional« erweisen. Die Probleme der Stadtplanung sind nicht in erster Linie Probleme der Gestaltung, sondern Probleme der versagenden Steuerung, Probleme der Eindämmung und Bewältigung von anonymen Systemimperativen, die in städtische Lebenswelten eingreifen und deren urbane Substanz aufzuzehren drohen.

Heute ist die Besinnung auf die alteuropäische Stadt in aller Munde; aber Camillo Sitte, einer der ersten, der die mittelalterliche mit der modernen Stadt verglichen hat, warnte bereits im Jahre 1889 vor *erzwungenen Ungezwungenheiten*: »Kann man«, so fragt er, »Zufälligkeiten, wie sie die Geschichte im Laufe der Jahrhunderte ergab, nach einem Plane eigens erfinden und construiren? Könnte man denn an solcher *erlogenen Naivität*, an einer solchen *künstlichen Natürlichkeit* wirkliche, ungeheuchelte Freude haben?«[16] Sitte geht von der Idee der *Wiederherstellung der Urbanität* aus. Aber nach einem Jahrhundert der Kritik an der Großstadt, nach einem Jahrhundert zahlloser, immer wieder enttäuschter Versuche, die Städte im Gleichgewicht zu halten, Citys zu retten, den städtischen Raum in Wohnquartiere und Geschäftsviertel, Industrieanlagen und Grünviertel,

private und öffentliche Bereiche zu gliedern, bewohnbare Satellitenstädte zu bauen, Slumgebiete zu sanieren, den Verkehr sinnvoll zu kanalisieren usw., drängt sich die Frage auf, ob nicht der *Begriff* der Stadt selber überholt ist. Die Spuren der okzidentalen Stadt, wie Max Weber sie beschrieben hat, der Stadt des europäischen Bürgertums im hohen Mittelalter, des städtischen Adels im Oberitalien der Renaissance, der von fürstlichen Barockbaumeistern erneuerten Residenzstadt, diese historischen Spuren sind in unseren Köpfen zu einem diffusen, vielschichtigen Begriff von Stadt zusammengelaufen. Er gehört zu der Sorte von Begriffen, die Wittgenstein in den Gewohnheiten und dem Selbstverständnis der eingespielten Alltagspraxis aufspürt: mit unserem Begriff von Stadt verbindet sich eine Lebensform. Diese hat sich unterdessen aber so verwandelt, daß ihr der angestammte Begriff nicht mehr nachzuwachsen vermag.

Als eine überschaubare Lebenswelt konnte die Stadt architektonisch gestaltet, sinnlich repräsentiert werden. Die gesellschaftlichen Funktionen des städtischen Lebens, politische und wirtschaftliche, private und öffentliche, die der kulturellen und der kirchlichen Repräsentation, des Arbeitens, des Wohnens, der Erholung und des Feierns konnten in Zwecke, in Funktionen der zeitlich geregelten Benutzung von gestalteten Räumen *übersetzt* werden. Aber spätestens im 19. Jahrhundert wird die Stadt zum Schnittpunkt funktionaler Zusammenhänge *anderer Art*. Sie wird in abstrakte Systeme eingebettet, die als solche nicht mehr ästhetisch in eine sinnfällige Präsenz eingeholt werden können. Daß die großen Industrieausstellungen, von der Jahrhundertmitte an bis in die späten 80er Jahre, als architektonische Großereignisse geplant worden sind, verrät einen Impuls, der heute rührend anmutet, an den heute allenfalls die Olympiaden erinnern. Indem die Regierungen den internationalen Vergleich der Erzeugnisse ihrer industriellen Produktion in großartigen Hallen festlich-anschaulich vor der breiten Öffentlichkeit arrangierten, haben sie den Weltmarkt buchstäblich inszenieren und in die Grenzen der Lebenswelt zurückholen wollen. Aber nicht einmal mehr die Bahnhöfe konnten die Funktionen des Verkehrsnetzes, an das sie die Reisenden anschlossen, so visualisieren wie die Stadttore einst die konkreten Verbindungen zu umliegenden Dörfern und zur nächsten Stadt.

Ohnehin liegen heute die Flughäfen, aus guten Gründen, weit draußen. Und den gesichtslosen Bürohäusern, die die Innenstadt beherrschen, den Banken und Ministerien, den Gerichten und Konzernverwaltungen, den Verlags- und Pressehäusern, den privaten und öffentlichen Bürokratien kann man die Funktionszusammenhänge, deren Knotenpunkte sie bilden, nicht ansehen. Die Schrift der Firmenzeichen und Leuchtreklamen zeigt, daß Differenzierungen in einem *anderen* Medium als dem der Formensprache der Architektur stattfinden müssen. Daraus hat ja Venturi Konsequenzen gezogen – mit dem »dekorierten Schuppen«, dem zum Programm erhobenen »duck-house« an der Autobahn, das der von der modernen Architektur geforderten Einheit von Außen und Innen, von Schönheit und Nützlichkeit Hohn spricht. Ein anderes Indiz dafür, daß die städtische Lebenswelt durch *nicht gestaltbare Systemzusammenhänge* immer weiter mediatisiert wird, ist der Fehlschlag des wohl ehrgeizigsten Projektes des Neuen Bauens: bis heute konnten der soziale Wohnungsbau und die Fabrik der Stadt nicht integriert werden. Die städtischen Agglomerationen sind dem alten Konzept der Stadt, dem unsere Herzen gehören, entwachsen; das ist kein Versagen der modernen, oder irgendeiner Architektur.

(4) Wenn diese Diagnose nicht ganz falsch ist, bestätigt sie zunächst nur die herrschende Ratlosigkeit und die Notwendigkeit, nach neuen Lösungen zu suchen. Freilich weckt sie auch Zweifel an den Reaktionen, die das Desaster der gleichzeitig überforderten und instrumentalisierten Architektur des Neuen Bauens auf den Plan gerufen hat. Um mich auf dem unübersichtlichen Terrain der Gegenströmungen wenigstens vorläufig zu orientieren, habe ich eine, gewiß übervereinfachende, Typologie eingeführt und drei Tendenzen unterschieden, die eines gemeinsam haben: im Gegensatz zu der selbstkritischen Fortsetzung der Moderne, für die diese Ausstellung unausgesprochen plädiert, sprengen sie den modernen Stil, indem sie die Verklammerung von avantgardistischer Formensprache und unnachgiebigen funktionalistischen Grundsätzen auflösen. Programmatisch treten Form und Funktion wieder auseinander. Das gilt trivialerweise für einen Neohistorismus, der Kaufhäuser in eine mittelalterliche Häuserzeile verwandelt, und U-Bahn-Entlüftungsschächte in das Taschenbuchformat einer palladianischen Villa. Diese Rückkehr zum Eklektizismus des vergangenen Jahrhunderts verdankt sich, wie damals, kompensatorischen Bedürfnissen. Dieser Traditionalismus ordnet sich dem Muster des politischen Neukonservatismus insofern ein, als er Probleme, die auf einer *anderen* Ebene liegen, in Stilfragen umdefiniert und damit dem öffentlichen Bewußtsein entzieht. Die Fluchtreaktion verbindet sich mit dem Zug zum Affirmativen: alles *übrige* soll bleiben, wie es ist.

Die Trennung von Form und Funktion trifft ebenso auf eine Postmoderne zu, die den Definitionen von Charles Jencks entspricht und von Nostalgie ganz frei ist – ob nun Eisenman und Graves das formale Repertoire der zwanziger Jahre artistisch verselbständigen, oder ob Hollein und Venturi, wie surrealistische Bühnenbilder, die modernen Gestaltungsmittel einsetzen, um den aggressiv gemischten Stilen malerische Effekte zu entlocken.[17] Die Sprache dieser kulissenhaften Architektur verschreibt sich einer Rhetorik, die den architektonisch nicht mehr gestaltbaren Systemzusammenhängen immerhin in Chiffren Ausdruck zu verleihen sucht.

Auf andere Weise sprengt die Einheit von Form und Funktion schließlich jene Alternativarchitektur, die von Fragen der Ökologie und der Erhaltung historisch gewachsener Stadtquartiere ausgeht. Diese, gelegentlich als »vitalistisch« gekennzeichneten Bestrebungen[18] zielen in erster Linie darauf ab, die architektonische Gestaltung eng an Kontexte der räumlichen, kulturellen und geschichtlichen Umgebung anzuschließen. Darin lebt etwas von den Impulsen der modernen Bewegung fort, nun freilich ins Defensive gewendet. Bemerkenswert sind vor allem die Initiativen zu einer Gemeindearchitektur, die die Betroffenen nicht nur deklamatorisch in den Planungsprozeß einbezieht und Stadtteile im Dialog mit den Klienten plant.[19] Wenn in der Stadtplanung die Steuerungsmechanismen des Marktes und der Verwaltungen so funktionieren, daß sie für die Lebenswelt der Betroffenen dysfunktionale Folgen haben – und den »Funktionalismus«, der einmal gemeint war, durchkreuzen – dann ist es nur konsequent, die willensbildende Kommunikation der Beteiligten mit den Medien Geld und Macht in Konkurrenz treten zu lassen.

Freilich gibt die Sehnsucht nach entdifferenzierten Lebensformen diesen Tendenzen oft den Anstrich eines Antimodernismus. Dann verbinden sie sich mit dem Kult des Bodenständigen und der Verehrung fürs Banale. Diese Ideologie der Unterkomplexität schwört dem vernünftigen Potential und dem Eigensinn der kulturellen Moderne ab. Das Lob des anonymen Bauens und einer Architektur ohne Architekten nennt den Preis, den dieser systemkritisch gewendete Vitalismus zu zahlen bereit ist, auch wenn er einen anderen Volksgeist meint als den, dessen Verklärung seinerzeit den Monumentalismus der Führerarchitektur aufs Trefflichste ergänzt hatte.

In dieser Opposition zur Moderne steckt ein gutes Stück Wahrheit; sie nimmt die ungelösten Probleme auf, die die moderne Architektur ins Zwielicht gerückt haben — ich meine die Kolonialisierung der Lebenswelt durch Imperative verselbständigter wirtschaftlicher und administrativer Handlungssysteme. Aber aus allen diesen Oppositionen werden wir nur etwas lernen können, wenn wir eines nicht vergessen. In der modernen Architektur hat sich, in einem glücklichen Augenblick, der ästhetische Eigensinn des Konstruktivismus mit der Zweckgebundenheit eines strengen Funktionalismus getroffen und zwanglos verbunden. Nur von solchen Augenblicken leben Traditionen, lebt auch, was sich aus Münchner Perspektive als »die andere« Tradition darstellt.

1) L. Benevolo, Geschichte der Architektur des 19. und 20. Jahrhunderts, 2 Bde., Mü. 1978, Bd. 2, 192.

2) M. Köhler, Postmodernismus, in: Amerikastudien 22, 1977, 8 ff.

3) Ch. Jencks, Spätmoderne Architektur, Stuttg. 1980.

4) Ch. Jencks, Die Sprache der postmodernen Architektur, Stuttg. 1980.

5) M. Brix, M. Steinhauser, Geschichte im Dienste der Baukunst, in: M. Brix, M. Steinhauser, Geschichte allein ist zeitgemäß, Giessen 1978, 255.

6) Diese Kennzeichnungen entnehme ich H. Klotz, Tendenzen heutiger Architektur in der Bundesrepublik, Das Kunstwerk 32, 1979, 6 ff.; und J. Paul, Kulturgeschichtliche Betrachtungen zur deutschen Nachkriegsarchitektur, ebd. 13 ff.

7) S. Giedion, Raum, Zeit, Architektur, Zürich und München 1978, 22 ff.; Ch. Moore, Eine persönliche Erklärung, in: G.R. Blomeyer, B. Tietze, In Opposition zur Moderne, Braunschweig 1977, 64 ff.

8) M. Brix, M. Steinhauser, a.a.O., 220

9) G.W.F. Hegel, Vorlesungen über die Ästhetik, Theorie-Werkausgabe Bd. 14, Ffm. 1970, 258 f.

10) Hegel, a.a.O. 303 f.

11) Hegel, a.a.O., 296.

12) Hegel, a.a.O., 196.

13) T.W. Adorno, Ästhetische Theorie, Ges. Werke 7, Ffm. 1970, 96.

14) Zit. nach Benevolo, a.a.O., Bd. 2, 34.

15) Zit. nach Benevolo, a.a.O., Bd. 2, 506.

16) C. Sitte, Der Städtebau, Leipzig 1889.

17) V.M. Lampugnani, Theorie und Architektur in den USA, Architekt 5, 1980, 252 ff.

18) W. Pohl, Plädoyer für eine unbefriedete Tradition, Bauwelt 19/20, 1981, 768 ff.

19) L. Kroll, Stadtteilplanung mit den Bewohnern, in: Blomeyer, Tietze, a.a.O., 160 ff.

Die andere Tradition

Kein Mensch will begreifen, daß die höchste
und einzige Operation der Natur und Kunst die
Gestaltung sei, und in der Gestaltung die Spe-
cification, damit jedes ein besonderes bedeuten-
des werde, sei und bleibe.

Goethe, in einem Brief an Zelter,
30. Oktober 1808

Die Architektur ist die Fortsetzung der Natur in
ihrer konstruktiven Tätigkeit; diese Tätigkeit
geht durch das Naturprodukt Mensch.

Karl Friedrich Schinkel, aus dem Nachlaß,
um 1825

Ältere, oder gar alt gewordene Traditionen, die
einen langen Weg von der Entfaltung ihres
Charakters bis zur Erstarrung in den Konventionen des Geschmacks zurückgelegt haben,
pflegen jüngere, heranwachsende Traditionen
dadurch abzuwehren, daß sie ihnen den Status
Tradition verweigern: Sie verwerfen sie als wur-
zellose, eigensinnige Störungen der nun einmal
traditionell bestehenden Wert- und Geschmacks-
ordnung. Nichts, was gebaut wird, dürfe gegen
»Symmetrie und Sittlichkeit« verstoßen, hieß
das Gebot in der Münchner Bauordnung um
1860. Die ästhetisch-sittliche Zweieinigkeit
dieses Gebots ist zwar inzwischen auseinander-
gefallen; von Sittlichkeit ist selbst dort, wo ihre
Beachtung wirklich nötig wäre, im Wohn- und
Städtebau, kaum noch die Rede, aber statt der
einst gebotenen Symmetrie werden heute weit
differenziertere und kompliziertere ästhetische
Anpassungen an Bestehendes verordnet, mit
einer Rigorosität, die zuweilen den Eindruck
erweckt, es solle Ästhetik nun als Surrogat für
Sittlichkeit dienen.

Die jungeren Traditionen machen es freilich
den älteren leicht, sie nicht als Tradition anzu-
erkennen, da sie, in der Regel, sich selbst als
Revolte gegen Traditionelles verstehen und dies
auch laut verkünden. Es kann sie nicht über-
raschen, daß ihnen die selbst proklamierte Tra-
ditionslosigkeit von den etablierten Traditionen
nachdrücklich bestätigt wird. Aber geistige und
künstlerische Bewegungen, die aus dem Wur-
zelgrund der — wenn auch zunächst von ihnen
verleugneten — Geschichte aufbrechen, können
nicht in der Haltung der Revolte verharren, wenn
sie die Idee ihrer Existenz verwirklichen wollen.
In Produktivität und Selbstverständnis bilden
sie sich zu Traditionen aus. Der Geltungsan-
spruch, den sie nun erheben, ist nicht mehr gegen ein geschichtliches Erbe gerichtet, sondern
gegen Konventionen der Sitte und des Geschmacks, zu denen der einst lebendige Charakter des Erbes geronnen ist. Ihr Anspruch
richtet sich gegen eine Tradition, die aufgehört
hat, Charakter schöpferisch zu »tradieren«, gegen

einen Traditionalismus, der — mit Worten von Jean Jaurès — »nicht mehr eine Flamme am Brennen erhält, sondern nurmehr Asche aufbewahrt« und aus der Konservierung überlieferter Kultur- und Geschmacksgüter das Recht zur Einschränkung der Entfaltung von charakteristisch Gegenwärtigem herleitet.

Indem sie dem Charakter Vorrang vor dem Geschmack gibt und der Schöpfung Vorrang vor der Bewahrung (womit weder Geschmack noch Bewahrung negiert, sondern nur der Rang ihres Standortes gekennzeichnet wird), versteht sich eine neue Tradition nicht nur in ihrer Tendenz, sondern auch ihrem Wesen nach als eine »andere« Tradition, als eine Geschichte erzeugende Tradition gegenüber der Historisches bewahrenden, neben die sie tritt. Besonders schwer, als »andere« Tradition erkannt und respektiert zu werden, hat sie es, wenn die historisch legitimierte Tradition sich auf ein großes und glanzvolles Erbe berufen kann, das *auch sie* respektiert und das *auch sie* als geschichtlich geprägtes Element in einer veränderten Welt gegenwärtiger Prägung bewahren will.

Dies ist die Situation der Architektur-Moderne in München. Ihre Tradition bewegt sich seit über einem Jahrhundert in der Spannung zwischen dem Charakter eines großen baukünstlerischen Vermächtnisses und der Geschmackskultur seiner Erben. Sie muß sich behaupten gegenüber den mächtigen Monumenten der Vergangenheit und gegenüber der Macht der Ansprüche, die sich, mit zuweilen fragwürdigem Recht, auf jene berufen. Sie muß nachweisen, daß es neben der offiziellen, kunsthistorisch und staatspolitisch beglaubigten Tradition eine weitere Tradition gibt und daß sie, diese »andere« Tradition, nicht nur Tradition *ist*, sondern auch eine eigene, bis ins 18. Jahrhundert zurückreichende Traditions-Geschichte *hat*. Die Ausstellung »Die andere Tradition« versucht, die schmale, mehrmals unterbrochene, gelegentlich gekrümmte, dann wieder geradlinige und sich verbreiternde Spur dieser Tradition in München zu verfolgen; die Bauten, die sie zeigt, sind als kennzeichnende Beispiele zu verstehen — Vollständigkeit wurde weder für den historischen noch für den zeitgenössischen Teil angestrebt.

Die Architektur-Moderne hat nicht nur in München — um das Thema wieder vom Regionalen ins Allgemeine zu wenden — lange gebraucht, um sich im Selbstbewußtsein einer Tradition zu festigen, und sie hat heute erneut ihre Schwierigkeiten damit. Für dies späte und dann krisenhafte Selbstverständnis gibt es mehrere, verschieden-

artige Gründe. Ich will hier nur einige andeuten. Zunächst scheint — in durchaus positiver Weise — der starke und lange Atem des revolutionären Elans, der die Architektur-Moderne schnell und weit in internationaler Breite vorantrug, eine reflektierende Selbstbesinnung verzögert zu haben, da Stärke und Tempo der Bewegung weder Anlaß noch Ruhe dafür boten. Im Konstrast zu dieser Phase, die man grob durch die Jahreszahlen 1900 bis 1930 markieren kann, waren die Widerstände, Barrieren, Verwerfungen, die in dem weltweiten, in Deutschland und Rußland destruktiv kulminierenden Umschwung von modellhaft beginnender Modernität zu abrupt praktizierter Reaktion die moderne Bewegung stoppten oder ins Leere laufen ließen, derart ernüchternd, daß die durch solche Wendung nahegelegte Besinnung eher zu Resignation oder Aggression als zu einer Festigung im Selbstverständnis führen mußte. Ein weiterer Grund für Unsicherheit und skrupulöse Zweifel war — und ist — die Verstrickung der Architektur-Moderne in wirtschaftliche und politische Geld- und Macht-Interessen, denen sie zunächst, in den Zwanziger Jahren, im allgemeinen mit einer Naivität begegnete, die im Rückblick erstaunlich anmutet; indem man (mit Ausnahmen) als selbstverständlich und als allgemein respektiert voraussetzte, daß Architektur — mit Louis H. Sullivans und Ernst Blochs freilich nicht affirmativ sondern evokatorisch gemeinten Worten — eine *»soziale Manifestation«*, eine *»soziale Schöpfung«* sei, merkte man nicht, wie die sozialen Intentionen der Moderne, wie psycho-physische Funktionalität, konstruktive Rationalität und organisatorische Ökonomie unterderhand zu einem technokratisch-kommerziellen Instrumentarium »umfunktioniert« wurden, mit dem, bis zum heutigen Tag, zu ganz anderen Zwecken eine ganz andere Bau-Welt produziert wird als der von Ernst Bloch in skeptischer Hoffnung ins Morgen projizierte *»Produktionsversuch menschlicher Heimat«*. Das Prinzip funktionaler Gestaltung setzt unerläßlich — dies wurde nicht erkannt — eine Wertung der zu gestaltenden Funktion voraus; ideologisch verengter, wertblinder Funktionalismus ist zu allem zu mißbrauchen. Ich halte diese ungewollte, aber unkritisch hingenommene Verstrickung der Architektur-Moderne in ökonomische und politische Interessen und ihre weithin sichtbaren, die Moderne diskreditierenden Folgen für die Hauptursache ihres unsicheren, für alle Spielarten des Eskapismus anfälligen Selbstverständnisses.

In einer derart krisenhaften Situation ist die radikale Binnen-Kritik, die in der Architektur-Moderne in Gang gekommen ist, ein Zeichen, für die Stärke, die ihrer Idee innewohnt. Diese Kritik konfrontiert die Architektur-Moderne mit ihren eigenen Prinzipien, mit den Intentionen ihres Ursprungs und der Überzeugungskraft ihres frühen Elans. Sie enthält, wenn auch nur selten ausgesprochen, ein Element der Besinnung auf die eigene Herkunft, auf die Tradition des Beginns; hier liegen Chancen für Klärung und Entscheidung in der Gegenwart.

Der Satz Goethes, den ich an den Anfang gesetzt habe, ist ein Wegzeichen aus der Frühzeit der Moderne, ein klassisches Wegzeichen, das die Moderne daran erinnert, daß auch sie, wie der frühe Klassizismus, Klarheit und Ordnung, Gestalt und Charakter und »in der Gestaltung die Spezifikation« suchte, – die »Spezifikation«, damit ein Jedes ein »besonderes« werde, das in seiner Gestalt auch ein besonderes »bedeutet«. Der »weichen Lehre neuerer Schönheitelei« setzte schon der junge Goethe angesichts des Straßburger Münsters die »charakteristische Kunst« entgegen, die nicht »verschönern« sondern »bilden« wolle: »... alles Gestalt, und alles zweckend zum Ganzen«! In Spoleto, 1786, »auf der Wasserleitung«, erkennt er: »Eine zweite Natur, die zu bürgerlichen Zwecken handelt, das ist ihre (der Römer) Baukunst, so steht das Amphitheater, der Tempel und der Aquadukt ... Nun fühle ich erst, wie mir mit Recht alle Willkürlichkeiten verhaßt waren«. Er geht, in der Erforschung der Natur, dem zeitlosen Schöpfungsprinzip der Entsprechung von Gestalt und Funktion nach: »Funktion und Gestalt notwendig verbunden« notiert er in den naturwissenschaftlichen »Fragmenten«, und »Funktion bezieht sich nicht etwa nur auf Gestaltung, sondern beide sind identisch«. Doch er konstruiert keine kurzschlüssige Analogie von Natur und Kunst; ihr korrelatives Verhältnis verdeutlicht er – in der Auseinandersetzung mit dem »Freund und Gegner« Diderot – so: »Der Künstler, dankbar gegen die Natur, die auch ihn hervorbrachte, gibt ihr eine zweite Natur, aber eine gefühlte, eine gedachte, eine menschlich vollendete zurück.« In besonderem Hinblick auf die Architektur hat Schinkel fast dasselbe ge-

sagt, in einem Satz, der ebenfalls am Beginn dieses Textes steht; hier sei noch hinzugefügt, was Schinkel, auf einem anderen Blatt aus seinem Nachlaß, kritisch zur Entfremdung der Kunst von der Natur gesagt hat: »In neuester Zeit hat der Begriff der Barbarei einen ganz anderen Charakter angenommen; es ist nicht mehr vollkommene Rohheit darunter verstanden, sondern überfeine äußere Bildung, ... Geschmack nach der konventionellen Weise der Zeit ohne Spur von Genie, Entfernung jeder ursprünglich naiven Gesinnung, raffinierte Umgehung aller Gesetze der Gesellschaft zu egoistischen Zwecken.«

Diese knapp gedrängten, um vielfaches von diesen und anderen Autoren zu vermehrenden, thematisch in vielen Richtungen zu erweiternden Äußerungen sollen nur andeuten, welche Gedankenspuren aus der Zeit um 1800 zu dem Weg führen, den schließlich die Architektur-Moderne sich gebahnt hat. Ihre Aktualität ist oft bestürzend in einer Gegenwart, in der Prinzipien und Überzeugungen — keineswegs nur in der Baukunst — immer weniger als Maßstab für das Handeln derjenigen gelten, welche sie einst verkündet haben.

Gelegentlich ist Vergangenes so *zeitnah*, daß es geeignet erscheint, einen *zeitlosen* Beitrag zur Diskussion des Tages zu leisten. Hierfür zum Abschluß ein Beispiel: Goethe in Vicenza.

Zweihundert Jahre vor den Palladio-Wallfahrten heutiger Architekten ist Goethe zur Villa Rotonda hinaufgestiegen. Am 21. September 1786, abends, notiert er: »Heute besuchte ich das eine halbe Stunde von der Stadt auf einer angenehmen Höhe liegende Prachthaus, die Rotonda genannt ... Vielleicht hat die Baukunst ihren Luxus niemals höher getrieben. Der Raum, den die Treppen und Vorhallen einnehmen, ist viel größer als der des Hauses selbst: denn jede einzelne Seite würde als Ansicht eines Tempels befriedigen. Inwendig kann man es wohnbar aber nicht wohnlich nennen. Der Saal ist von der schönsten Proportion, die Zimmer auch; aber zu den Bedürfnissen eines Sommeraufenthalts einer vornehmen Familie würden sie kaum hinreichen. Dafür sieht man es in der ganzen Gegend, von allen Seiten, sich auf das herrlichste darstellen ... Die Absicht des Besitzers ist vollkommen erreicht, der ein großes Fideikommißgut und zugleich ein sinnliches Denkmal seines Vermögens hinterlassen wollte.«

Bewunderung und Bedenken, wie Goethe sie hier ineinandergeflochten hat, galten nicht nur der Rotonda. Schon am 19. September, nachdem er sogleich nach der Ankunft »die Stadt durchlaufen und die Gebäude des Palladio gesehen« hatte, notierte er, ins Allgemeinere gewendet: »Und so sag' ich vom Palladio: er ist ein recht innerlich und von innen heraus großer Mensch gewesen. Die höchste Schwierigkeit, mit der dieser Mann wie alle neuern Architekten zu kämpfen hatte, ist die schickliche Anwendung der Säulenordnungen in der bürgerlichen Baukunst; denn Säulen und Mauern zu verbinden, bleibt doch immer ein Widerspruch. *Aber wie er das untereinander gearbeitet hat,* wie er durch die Gegenwart seiner Werke imponiert und vergessen macht, daß er nur überredet! Es ist wirklich etwas Göttliches in seinen Anlagen, völlig wie die Force des großen Dichters, *der aus Wahrheit und Lüge ein Drittes bildet, dessen erborgtes Dasein uns bezaubert.*«

Gegen diese Bezauberung setzt Goethe zwei Tage später, einige Stunden bevor er zur Rotonda hinaufsteigt, einen anderen Eindruck: »Unter den Gebäuden des Palladio ist eins, für das ich immer eine besondere Vorliebe hatte, es soll seine eigene Wohnung gewesen sein... Ich möchte es gezeichnet und mit den Farben illuminiert haben, die ihm das Material und das Alter gegeben. Man muß aber nicht denken, daß der Baumeister sich einen Palast errichtet habe. *Es ist das bescheidenste Haus der Welt,* hat nur zwei Fenster, die durch einen breiten Raum, der das dritte Fenster vertrüge, abgesondert sind.«

Bevor Goethe von Vicenza weiterreist nach Padua (wo es ihm gelingen wird, endlich Palladios Werke zu erwerben, »zwar nicht die Originalausgabe, aber ein Facsimile in Kupfer«), nimmt er in der »Akademie der Olympier« an einer Versammlung teil, in der ein »Publikum von gebildeten Personen, viele Geistliche, zusammen ungefähr fünfhundert« die Frage diskutiert: »Ob Erfindung oder Nachahmung den schönen Künsten mehr Vorteil gebracht habe?« Goethe nennt das Thema einen glücklichen Einfall, »denn wenn man die in der Frage liegende *Alternative* trennt, so läßt sich hundert Jahre hinüber und herüber sprechen« (ein lan-

ger Zeitraum, und doch, wie wir nun wissen, zu kurz geschätzt). Er vermerkt, daß »Palladio auch diesmal an allen Orten und Enden war, es mochte von Erfinden oder Nachahmen die Rede sein«, und er resümiert: »Überhaupt fanden die, welche für die Nachahmung sprachen, mehr Beifall, denn sie sagten lauter Dinge, wie sie der Haufen denkt und denken kann. Einmal gab das Publikum mit großem Händeklatschen einem recht groben Sophism seinen herzlichen Beifall, da es viele gute, ja treffliche Sachen zu Ehren der Erfindung nicht gefühlt hatte.«

Englischer Garten, 1789
Gewächshäuser in Nymphenburg,
1807, 1816, 1820
Gewächshaus im Botanischen Garten,
1812
Friedrich Ludwig von Sckell

1789, nach dem Sturm auf die Bastille, machte
in München der bayerisch-pfälzische Kriegsmi-
nister und Sozialreformer Sir Benjamin Thomp-
son, späterer Graf von Rumford, dem Kurfürsten
Karl Theodor den Vorschlag, für das Volk einen
Landschaftsgarten englischer Art anzulegen.
Karl Theodor folgte dem Rat und beauftragte
am 7. August 1789 seinen »Hof-Lust-Gärtner«
Friedrich Ludwig von Sckell mit dem Entwurf
eines »Englischen Gartens« auf einer »ausgedehnten schönen freien Wiese zwischen Hofgarten und Hirschanger Wald«.
   Graf von Rumford, Farmerssohn aus Massa-
chusetts, von Georg III. zum Sir und von Karl

Englischer Garten
seit 1789,
Zustand um 1835

Gewächshaus in
Nymphenburg, 1807

Theodor zum Grafen erhoben, Gelehrter der
Physik und Generalmajor, und Friedrich Ludwig
von Sckell, einer alten Gärtnerfamilie entstam-
mend, durch mehrjährigen Aufenthalt in Frankreich und England sowohl mit der »vormaligen
symmetrischen Gartenkunst« eines Le Nôtre als
auch mit den »neueren natürlichen Gärten« eines
William Kent vertraut, schufen in München
einen »Volksgarten«, wie es ihn in ganz Europa
noch nicht gab.

Für Rumford war der Englische Garten ein
weiterer Versuch in seinem beharrlichen Be-
mühen, Bayern durch liberale Ideen und soziale
Reformen zu modernisieren – von der Reorga-
nisation des Militärs als Bürgerheer und der Ar-
beitsbeschaffung für das anwachsende Bettel-
Proletariat bis zur Einführung der Kartoffel als
Volksnahrungsmittel und der kostenlosen Spei-
sung der Armen mit der »Rumford-Suppe«.
Auseinandersetzungen mit den Münchner
Stadtbehörden und Intrigen am Hof ließen ihn
1798 nach London zurückkehren.

Der Garten-Architekt Sckell hat die Idee
Rumfords im Sinne ihrer geistigen und sozial-
politischen Zielsetzung verwirklicht. Wie er Aufgabe und Zweck eines »Volksgartens« verstand,
hat er in einer Denkschrift niedergelegt, die er
1807, mit der Bitte um Genehmigung seiner
Pläne zur weiteren Ausgestaltung des Englischen
Gartens, an König Max I. Josef gerichtet hat.
»Vorzüglicher Zweck der Volksgärten« sei es,
schreibt Sckell, »zum traulichen und geselligen
Umgang und *zur Annäherung aller Stände* zu
dienen«, die Volksgärten seien »die vernünftigste,
wohltätigste und lehrreichste Schule für Geist
und Körper« und gehörten deshalb zu den »aller-
nötigsten der bildenden Kunstanstalten einer
weisen und humanen Regierung«. Unter den
Änderungen und Neuerungen, die er dem König
unterbreitete, sind einige besonders kennzeichnend für seine liberal-aufgeklärte, selbstbewußte,
dabei dem König gegenüber loyale Gesinnung.
So will er einen älteren, »baufällig« gewordenen
»hölzernen Tempel des Apoll« ersetzen durch
einen steinernen Tempel, der aber nicht mehr
dem Apoll gewidmet sein sollte, für den, so heißt
es diplomatisch, »diese Stelle viel zu nieder«
sei, sondern dem Landmann »Cincinnatus, dem
großen uneigennützigen Römer, der sein Vaterland rettete, dafür jede Belohnung ausschlug
und es vorzog, zum Pflug zurückzukehren«. Besonders wichtig ist ihm die Herstellung einer
engen Verbindung zwischen Park und Stadt,
zwischen Englischem Garten und Hofgarten:
»der eingeschlossene traurige Hofgarten« soll
»geöffnet und der außen gelegene Königliche
große Garten der Natur hereingezogen und endlich mit der Residenz verbunden werden«; doch
Sckell weiß, was der Erfüllung dieses Wunsches

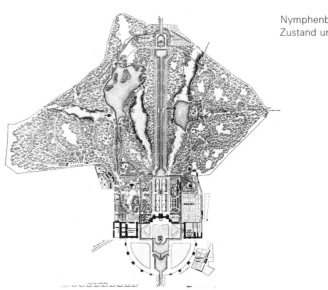

Nymphenburger Park,
Zustand um 1820

entgegensteht: »allein das größte Hindernis dieser Verbindung ist Garten und Haus des verlebten Ministers Salabert, ... es kann also einer höchsten Regierung ohnmöglich gleichgültig sein, wer der künftige Eigentümer des Gartens und Hauses von Salabert werde und welchen Gebrauch dieser sowohl von Haus als Garten machen könnte« — es handelt sich um das spätere »Prinz-Carl-Palais«, das Karl von Fischer 1806 für Salabert errichtet hatte. Wenn auch manche Vorschläge Sckells an Widerständen scheitern sollten, so erhielt er doch von Max I. Josef die Genehmigung für den Gesamtplan, wobei ihm vom König ausdrücklich bestätigt wird, daß der Plan »den *Forderungen der Ästhetik und des Volksgenußes* in einem seltenen Grade« entspreche.

»Die Natur, die Wahrheit und die Schönheit auftreten zu lassen«, hierin sah Friedrich Ludwig von Sckell den Sinn der neueren Gartenkunst, deren Theorie, Entwicklung und Praxis er in seinem 1819 erschienenen, mit dem bescheidenen Titel »Beiträge zur bildenden Gartenkunst für angehende Gartenkünstler und Gartenliebhaber« versehenen Buch dargestellt hat. Den »widersinnig geschnirkelten Bux-Parterren«, den »verstümmelten Bäumen, denen die Schere nie vergönnte, ihre Blüten hervorzubringen«, all diesen »widernatürlichen Formen« eines — er zitiert Schiller: — »geistlosen Ebenmaßes« stellt er den »freien Wuchs organischer Natur«, die »mannigfaltigen Bilder, die die schöne Erde zieren« als ein geistig-sinnliches Programm entgegen, dessen Ursprünge er bis zu Francis Bacon und John Milton zurückführt. Aber in der Besinnung auf das Natürliche und Freie wird die Kunst selbst nicht in Natur aufgelöst, sondern Sckell versteht unter »bildender Gartenkunst« die von Vernunft und Empfindsamkeit geleitete *Kunst*, »Gärten nach den Gesetzen der Natur hervorgehen zu machen«. Er unterscheidet Kunst von Künstlichkeit durch das Kriterium der Naturgesetzlichkeit, zu der die Künstlichkeit im Widerspruch, mit der die Kunst jedoch im Einklang steht. Man denkt an Schinkels — etwa gleichzeitiges — Wort: »Die Architektur ist die Fortsetzung der Natur in ihrer konstruktiven Tätigkeit; diese Tätigkeit geht durch das Naturprodukt Mensch.«

Dem Prinzip, ein Werk, sei es ein Gegenstand, ein Gebäude oder ein Park, aus seiner eigenen Gesetzmäßigkeit »hervorgehen zu machen«, es seiner eigenen Natur gemäß zu gestalten, folgte Sckell auch beim Bau von Gewächshäusern. Drei von ihnen stehen noch heute im Nymphenburger Park, den Sckell ab 1804 aus einem barocken Boskettgarten in einen Landschaftsgarten umwandelte, wobei er jedoch den mit der Architektur des Schlosses verbundenen zentralen

Gewächshaus in
Nymphenburg, 1807

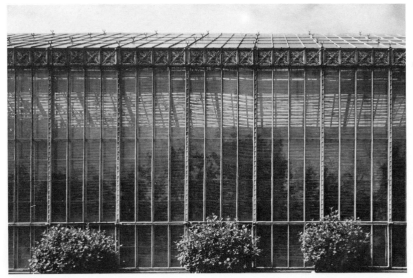

Gewächshaus in
Nymphenburg, 1816

Bezirk, das große Parterre und die Hauptachse
des Mittelkanals respektvoll im alten Zustand
bewahrte (und damit ein frühes Beispiel für eine
Denkmalpflege gab, die Neues und Altes zu
verbinden versteht). Das erste Gewächshaus,
das Sckell baute, ist sein einfachstes und streng-
stes: das »Eiserne Haus« von 1807, knapp und
klar aus Eisen und Glas, eine außerordentlich
straffe, langgestreckte Struktur, an beiden Enden
versehen mit — so heißt es um 1830 in einer
Beschreibung von Schloß und Park — »zwei
niedlichen kleinen Pavillons, von denen der erste
als Eingang für den König bestimmt ist und
einige Gemächer zum Ausruhen enthält, der
andere aber zum gewöhnlichen Eingange und
der Wohnung des Obergärtners dienet«. Für das
zweite Nymphenburger Gewächshaus, 1816,
hat Sckell Erfahrungen verwertet, die er wenige
Jahre zuvor beim Bau des Gewächshauses im
Botanischen Garten in München gemacht hatte:
die Glasdecke ist im Viertelkreis gewölbt, »damit
sie mehr Lichtstrahlen aufzunehmen und diese
wieder auf die Pflanzen zu reflektieren imstande
ist«. Das hohe, mit breitem Gesims versehene
»Palmenhaus«, 1820 errichtet, war für exotische
Bäume bestimmt; 1830, nach Sckells Tod, wurde
hier die erste Warmwasserheizung in Deutschland eingebaut.

Diese drei Glashäuser, mit ihren langen Süd-
fronten in einer Linie nebeneinander gestellt,
sind in Konstruktion, Form und Proportionen
hervorragende Beispiele einer durch englische
Vorbilder zwar inspirierten, doch sehr selbständi-
gen Architektur. Zu ihnen gehört auch das Gewächshaus des Botanischen Gartens aus dem
Jahre 1812, mit mehr als 150 Meter Länge das
größte von ihnen; es wurde 1853 abgerissen, um
für August von Voits »Glaspalast« Platz zu schaffen. In seiner Beschreibung dieses Gewächshau-

25

ses läßt Sckell erkennen, daß er sich des »architektonischen Wertes«, den diese intelligenten, luziden Raumstrukturen für unser Empfinden besitzen, nicht bewußt war, denn er sagt: »Ich habe dem Gewächshaus einen architektonischen Wert (weil dieses bei Gebäuden der Art so selten der Fall ist) dadurch zu geben versucht, daß ich die beiden End-Portale mit der dorischen Ordnung, nach den reinsten Verhältnissen und Regeln der Baukunst verziert und mit Frontons versehen habe«. Die einfache Ordnung dieser »Verzierung« steht in harmonischem Einklang mit den »reinen Verhältnissen« der Raumstrukturen, die der Garten-Architekt aus ihrer eigenen Gesetzmäßigkeit »hervorgehen gemacht« hat; blickt man von solch' harmonischer Zierde des Jahrhundertbeginns voraus auf die dissonanten Dekorationen, in denen die Architektur des Jahrhundertendes schwelgte, so ermißt man den Abstand, der den *Charakter* des frühen Klassizismus vom *Geschmack* des historistischen Eklektizismus trennt.

Der erste städtebauliche Wettbewerb, der in Deutschland ausgeschrieben worden ist, brachte dem Hofgarten-Intendanten Sckell die Chance, seine über die Parkgestaltung hinausgehenden Vorstellungen von einem städtischen Leben, das wieder enger mit der Natur verbunden sein sollte, weiter zu entwickeln und schließlich

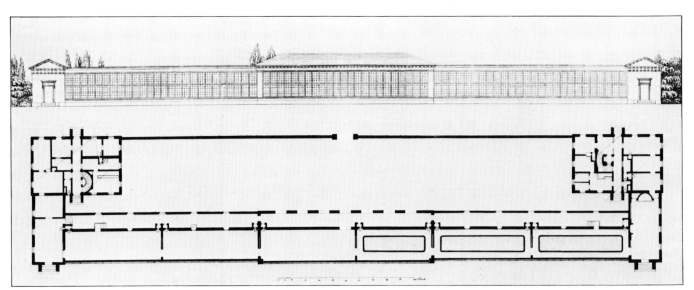

Gewächshaus im
Botanischen Garten, 1812

auch in einem programmatischen Ansatz zu verwirklichen. 1804 war in München eine Stadtbaukommission konstituiert und der Architekt Karl von Fischer mit der Oberaufsicht über alle Bauvorhaben beauftragt worden; 1808 wurde ein Wettbewerb für eine »Stadterweiterung am Maxtor« ausgeschrieben.

In seinem Wettbewerbsbeitrag machte Skell den Botanischen Garten, den er im Auftrag und

Palmenhaus in
Nymphenburg, 1820

auf persönliche Initiative von Max I. Josef an-
legte, zum Ausgangspunkt für die Gestaltung
eines neuen Stadtquartiers, das sich nordwest-
lich der Maximiliansplatzes zwischen Karlstor
und Hofgarten erstreckt. Sein Plan, der auf eine
durchgrünte und durchlüftete bürgerliche Wohn-
stadt abzielt, wird Grundlage eines neuen Gene-
ralplans der Münchner Stadtentwicklung, für
den Sckell und Karl von Fischer verantwortlich
sind. Die enge alte Stadt, deren Festungswälle
zerfallen und deren Festungsgräben versump-
fen, seit Karl Theodor 1795 erklärt hatte, daß
»München keine Festung sei, sein könne, sein
solle«, wird geöffnet zur »so lange entbehrten
frohen Aussicht in die Natur«. In den neu anzu-
legenden Stadtquartieren sollen nicht »immer
nur Mauern, Fenster, Dächer und keine Bäume«
zu sehen sein. »An luftigen freien Orten« sollen
»Spitäler, Arbeitshäuser, Kasernen, Gefängnisse
pp. erbaut werden«, getrennt von den Orten,
wo »die übelriechenden Gewerbe, die Schlacht-
häuser, Hofgerber, Seifensieder pp. bestehen
dürfen«. Dies ist der Beginn einer sozialen Stadtplanung mit wohlbedachter Trennung der Funktionen. Der soziale Dienst, den diese Stadtbau-
kunst leisten will, kommt besonders deutlich
und unmittelbar zum Ausdruck in den sorgfäl-
tigen Überlegungen Sckells für die Situierung
und gärtnerische Anlage des geplanten neuen
»Allgemeinen Krankenhauses« vor dem Send-
linger Tor.

    »Freie Räume«, »reine Lebensluft«, »breite
Alleen«, »Promenaden«, »Bäume«, »Gärten«,
»Blumen« sind nicht nur in den Erläuterungen
zum Generalplan Sckell/Fischer, sondern ebenso in den Empfehlungen und Entscheidungen
der Baukommission immer wiederkehrende, die
Befreiung aus stickiger Enge kennzeichnende
Stichworte (aus einer Enge, deren vermeint-
liche »Gemütlichkeit« wir heute im nachempfun-
denen Lokalkolorit der Altstädte zu simulieren
versuchen). Auch Max I. Josef nimmt Anteil an
dieser Entwicklung: 1810 wünscht der König
in einem Schreiben an die Baukommission, daß
im Generalplan »Zwischenräume für öffentliche
Promenaden« und »so viele freie und große
Plätze als nur immer möglich« vorgesehen werden, daß »Bedacht genommen werde zur Be-
förderung der Gesundheit, der Kultur der Gärten, welche durch Ausdünstung der Erde, der
aromatischen Kräuter und des Blütenduftes
zur Luftverbesserung wesentlich beitragen«.
Von der »Luft« ist immer wieder und in allen
denkbaren Bedeutungen die Rede, von ihrer
hygienischen Verbesserung, damit sie rein sei
zum Atmen, bis zur freien Lebensluft einer
Bürgerstadt.

    Der Gartenkünstler und Hofgarten-Inten-
dant Sckell war zum Stadtplaner geworden. Ge-

meinsam mit Karl von Fischer hat er mit der neuen »grünen« Vorstadt rund um den Karolinenplatz eine neue Qualität städtischen Lebens für München geschaffen. Doch diese Entwicklung wurde bald durch ein anders geartetes Stadt-Konzept beendet. Leo von Klenze, der 1816 von Kronprinz Ludwig als Hofbaumeister nach München geholt wurde, urteilte rückblickend: »Man hatte bis zu meiner Ankunft in München mit allen neuen Stadtanlagen, Verschönerungen und Vergrößerungen ebenso läßlich als verworren verfahren ... Es war eine Verwirrung ohnegleichen ... Dazu hatte man noch eine Art von gartenartiger Bauart gewählt, unzusammenhängend alle möglichen Arten von Häusern die ganze Straße entlang beieinander zu stellen. Ich hatte bald eingesehen, daß dies ein für das Bedürfnis, die Lebensart und das Klima Münchens ganz unpaßliches System war ...« Im Kontrast zu dieser gartenartigen Unordnung wurde München nun als ein geordnetes baukünstlerisches Gesamtwerk konzipiert, als eine Komposition architektonischer Monumente, Plätze und Straßenräume; Kulturstätten erhielten Vorrang vor den Stätten des Lebens, des Wohnens, des Arbeitens, die Präsentation der Kunst verzichtete auf die Gegenwart der Natur.

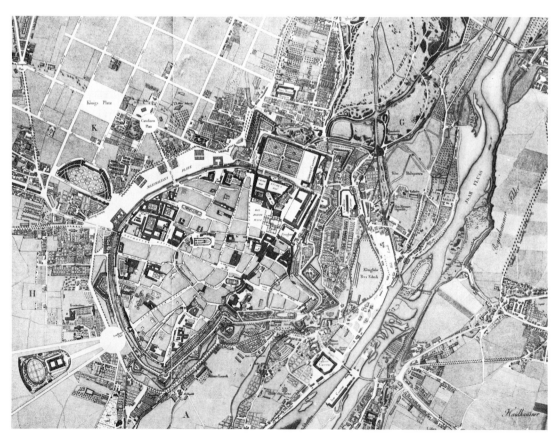

Plan von München, 1812

Projekt für ein Forum an der Isar, 1820
Gustav Vorherr

»Der Entwurf eines einfachen Landhauses bedarf nicht weniger Nachdenken als der weitläufige Palast; vielleicht das erstere oft mehr als der letztere, indem bei jenem gemeiniglich Sparsamkeit vorschreibt, bei letzterem meist der volle Beutel zu Gebote steht. Jedes Gebäude, gleichwohl wozu es diene, läßt sich im Innern dem Zweck vollkommen entsprechend einrichten, und aus dieser vollkommen zweckmäßigen Einrichtung wird dann eine Fassade oder ein Äusseres erfolgen, worin ein ordnender Geist sichtbar ist — und sollte denn ein architektonisches Werk, aus welchem ein ordnender Geist spricht, nicht zu den Kunstwerken zu zählen sein?«

Diese provozierende Frage stellte der Königliche Baurat Gustav Vorherr, seit 1810 Mitglied der Münchner Baukommission, in einem Aufsatz über das »Landwirtschaftliche Bauwesen in Baiern«, den er im »Kunst- und Gewerbe-Blatt des polytechnischen Vereins im Königreiche Baiern« am 2. Januar 1819 veröffentlichte. Vorherr war ein unermüdlicher Propagandist praktischer Aufklärung, ein Reformer, der lange vor William Morris, mit dem ihn manches verbindet, den Zusammenhängen von Lebens- und Gestaltungsformen, von Gesellschaft und Architektur, Kunst und Gewerbe nachging und ein umfassendes Konzept »für den großen Gesamtbau der Erde« zu entwerfen versuchte. William Morris' Wort von 1881 »Architektur bedeutet Gestaltung und Umgestaltung des gesamten Antlitzes der Erde entsprechend den menschlichen Bedürfnissen« könnte als Motto gelten für Vorherrs Lehre, »wie die Menschen vom Boden neu Besitz zu nehmen und sich vernünftiger anzusiedeln haben«, wie »Dörfer und Städte besser angelegt, die Fluren vernünftiger eingeteilt, die Wohnhäuser mit steter Hinsicht auf die Sonne möglichst vollkommen eingerichtet« werden sollten und wie »Agrikultur, Gartenkunst und Architektur vereint für das Gemeinsame zu wirken« hätten; ihm schwebte »an der Spitze aller Künste« eine »echte Bauhütte« vor, wie hundert Jahre später Walter Gropius sie für das »Bauhaus« erträumte. Vorherr ist vertraut mit den französischen Architektur-Theoretikern seiner Zeit, mit Rondelet und Durand, und in seinen vielen kleineren und größeren Texten zitiert er mehrfach mit Nachdruck Durands Wort:
»Ob man die Vernunft befragt oder die Bauten studiert, es ist offenkundig, daß es niemals Zweck der Architektur gewesen sein kann zu gefallen, und daß Schmücken nicht ihre Aufgabe ist; Zweck der Architektur ist die öffentliche und private Nützlichkeit, ist das Glück und die Erhaltung der Einzelnen und der Gesellschaft.« 1826 wurde Vorherr auf Veranlassung von Ludwig I., der 1825 Max I. Josef auf dem

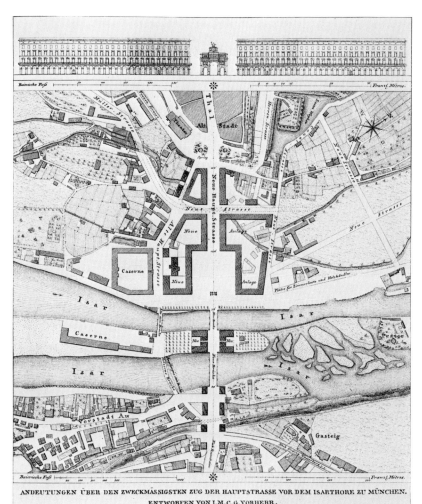

ANDEUTUNGEN ÜBER DEN ZWECKMÄSSIGSTEN ZUG DER HAUPTSTRASSE VOR DEM ISARTHORE ZU MÜNCHEN.
ENTWORFEN VON I.M.C.G.VORHERR.

Projekt für ein Forum
an der Isar, 1820

Thron gefolgt war, als angeblich ungeeignet
vorzeitig in den Ruhestand versetzt.

Zentrale Bedeutung hatte in Vorherrs Lehre
die Orientierung der Häuser zur Sonne. Er und
andere Autoren propagierten im »Monatsblatt
für Bauwesen und Landesverschönerung«, das
Vorherr redigierte, eine »Sonnenarchitektur«,
unter Berufung auf Sokrates, der, wie Xeno-
phon in den Memorabilien berichtet, gesagt
hat: »Bei den gegen Süden gerichteten Häusern
scheint die Sonne im Winter tief in die Räume
hinein, während sie im Sommer hoch steht und
uns im Schatten des Daches läßt«. Vorherr,
Zach, Faust und andere haben, von dieser einfachen, fundamentalen Feststellung ausgehend,
Bau- und Wohnformen entwickelt, die über-
raschende Parallelen zu den Versuchen heutiger »Solar-Architektur« aufweisen und auch bereits Überlegungen zur Energieeinsparung einbe-
ziehen. So heißt es 1829 in Vorherrs »Monatsblatt«: »... die Vorderseiten und Wohnzimmer
sind, wie die Treibhäuser, nach Mittag gerichtet;
in Häusern, die diese Richtung haben, leidet
man im Sommer weniger unter der Hitze und
im Winter weniger von der Kälte ... Sind beim
Bau die vordere südliche und die hintere nördliche Seite durch Türen, Gänge und Zimmer so
miteinander verbunden, daß die Luft von Nor-
den nach Süden und umgekehrt das Haus durch-
streichen und kalte und warme Luft sich mi-
schen kann, so steht es im Vermögen der Menschen, ihren Wohnungen die rechte Wärme zu
geben, sie im Sommer angenehm kühl und sie
im Winter mit der kleinsten Kraft, den wenigsten Brennstoffen, in der kürzesten Zeit warm
zu machen; ... auf der vorderen Seite sollten
die meisten Bewohner, besonders die Kinder-
und Jugendwelt, sowohl bei Tag als in der
Nacht wohnen und leben, die hintere Hälfte
wird aus Gängen, Treppen, Küchen, Vorrats-
kammern, Werkstätten bestehen ...«

1820 hat Vorherr ein Projekt zur Stadterweiterung Münchens vorgelegt, das besonderes
Interesse verdient, weil hier wohl zum ersten
Mal vorgeschlagen wird, München zu einer
wirklichen »Stadt an der Isar« zu machen: mit
einer »Neuen Hauptstraße« in Verlängerung des
»Tals« und einem großen, quadratischen, zur
Isar geöffneten Forum bindet Vorherr die Stadt
unmittelbar an den Fluß, der mit neuen Brük-
ken, begleitender neuer Bebauung und einer
breit und gerade zum Gasteig hinaufführenden
Straße überquert wird. Die projektierte großstädtische Bebauung, viergeschossig mit Arkaden, erinnert an die Rue de Rivoli, die Vorherr als Leitbild für sein neues urbanes
Zentrum Münchens gedient haben mag — und
selbst die ungestüme Isar muß sich im Bereich
des Forums durch einen geradlinigen Kai urban

bändigen lassen. Erst 40 Jahre später wird an anderer Stelle und auf andere Weise eine neue Verbindung von Stadt und Fluß versucht werden, mit der Maximilianstraße und dem Maximilianeum.

Sternwarte in Bogenhausen, 1817
Franz Thurn

Franz Thurn, in den neunziger Jahren des 18. Jahrhunderts Mitarbeiter von Graf Rumford, seit 1804 Mitglied der Münchner Baukommission, seit 1806 Hofbauinspektor, schrieb 1820, es gebe »gemeinnützigere Mittel, den Überfluß an Reichtum in wohltätigen Umlauf zu setzen«, als »um der schönen Baukunst willen« Gebäude für die »Bewunderung des sublimsten und kostbarsten Kunst- und Prunkgeschmackes« aufzuführen. Die Baukunst, erklärt er, dürfe sich nicht »als Selbstzweck aufdrängen«; sie büße nicht an Würde ein, sondern gewinne im Gegenteil hinzu, wenn sie sich »anderen und höheren Zwecken« unterordne. Besonders gelte dies bei der Errichtung eines öffentlichen Gebäudes, bei welchem »den Forderungen der Kunst genug geschehe, wenn es seinem Zwecke entspricht und die für gut erkannten Bauverhältnisse in ihrer Beziehung auf Schönheit beobachtet sind«.

Mit diesen Gedanken, in denen er die Forderungen der Bauaufgabe in Einklang bringt mit den Forderungen der Baukunst, leitet Franz Thurn seine Beschreibung der neuen Königli-

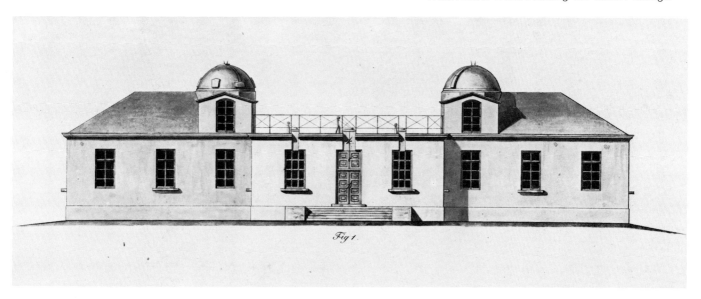

Fig 1.

chen Sternwarte ein, die er 1817 im Zusammenwirken mit dem Mechaniker und Ingenieur Georg von Reichenbach und dem Hofastronomen Soldner errichtet hat. In dem einfachen, als Flügelbau gegliederten Gebäude, mit zentralem Instrumentensaal, zwei Observationstürmen mit Drehkuppeln, Beobachtungsterrasse, sowie Wohn- und Nebenräumen in den Seitenflügeln, ist die sachlich strenge Haltung Franz Thurns zu adäquatem architektonischen Ausdruck gelangt.

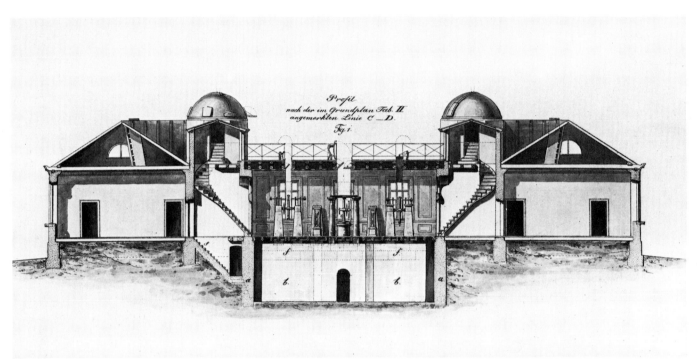

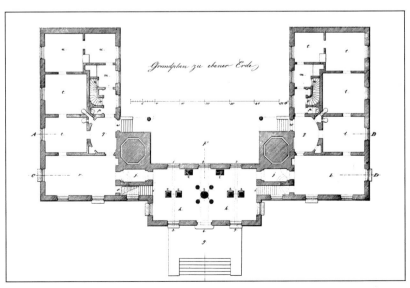

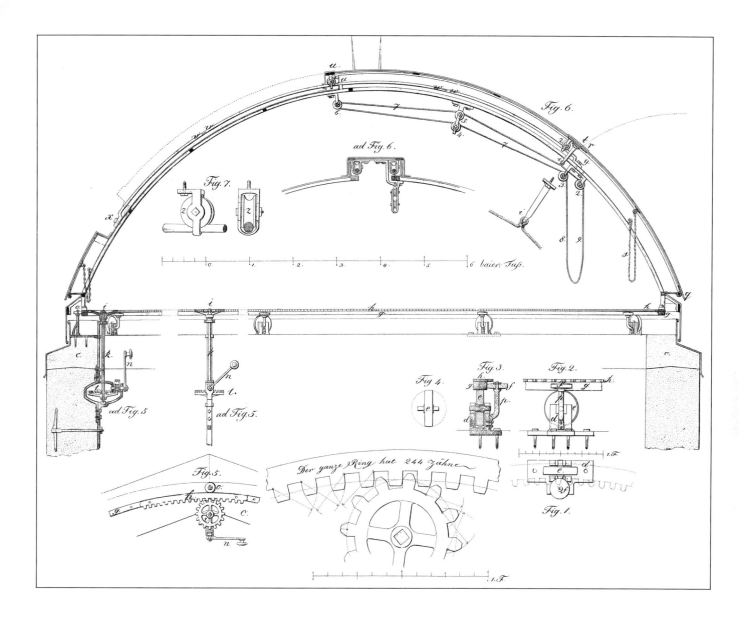

Der ganze Ring hat 244 zähne

**Entwurf einer gußeisernen Röhrenbrücke,
1810
Entwurf einer eisernen Brücke über die Isar,
1814
Georg von Reichenbach**

»Nachdem das stolze Albion uns so lange
seine Dollonds und Ramsdens, seine Harrisons
und Mudges, seine Watts und Boultons als un-
erreichbar und seine Dampfmaschinen als un-
übertrefflich dargestellt hat, sind jetzt Reichenbachs Instrumente und Liebherrs Uhren aus
München, und Fraunhofers Achromaten und
Microscope aus Benedictbeuern die Bewunderung aller Astronomen und Physiker und die
Zierden französischer und selbst englischer
Sternwarten geworden«. So heißt es 1819 im
»Kunst- und Gewerb-Blatt« des Bayerischen
Polytechnischen Vereins, und was hier kon-
statiert wird, ist keine lokalpatriotische Über-

treibung: mit Reichenbach, Fraunhofer und Liebherr war München in den ersten Jahrzehnten des 19. Jahrhunderts tatsächlich ein Zentrum der Präzisionstechnik von europäischem Rang.

Georg von Reichenbach, der die Präzision der Feinmechanik auf den Maschinenbau übertrug, wofür seine Wassersäulenmaschinen und transportablen Dampfmaschinen die hervorragendsten Beispiele sind, hat sich sehr frühzeitig

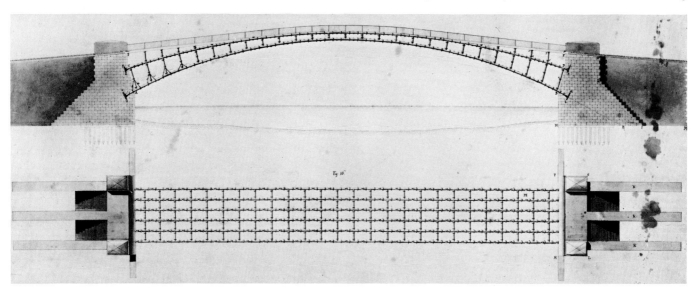

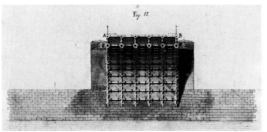

Entwurf einer gußeisernen Röhrenbrücke, 1810

auch mit den Problemen der Konstruktion eiserner Brücken befaßt. Er hatte schon um 1790 England bereist, wo seit 1779 die erste, von John Wilkinson und Abraham Darby in Coalbrookdale errichtete gußeiserne Brücke (Spannweite 31 Meter) stand, und war auf die Idee gekommen, Brücken aus eisernen Röhren zusammenzustecken: »Ich entnahm diese Idee der Natur, die überall mit dem geringsten Aufwande den größtmöglichen Effect hervorbringt und deswegen allerwärts, wo sie steife Körper nötig hat, Röhren hat, wie z.B. die Knochen der Tiere, die Strohhalme und mehr oder weniger alle anderen Pflanzen, die Federn der Vögel etc.« Seine Untersuchungen, die auch die Möglichkeiten einbezogen, verschieden große Brücken aus gleichartigen, doch unterschiedlich bemessenen, industriell vorgefertigten Röhren-Elementen zusammenzusetzen, legte er in seiner »Theorie der Brückenbögen« nieder, die 1811 erschienen ist: dort bildete er seinen »Entwurf einer gußeisernen Röhrenbrücke mit Spannweite von 308 Schuh« (89,90 m) ab, die mit dem weiten, flachen Schwung des grazilen Brückenbogens zwischen kräftigen Widerlagern an Thomas Telfords 1801 projektierte gußeiserne Themsebrücke (etwa 190 m Spannweite) erinnert, die ebenfalls nicht realisiert wurde.

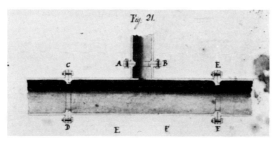

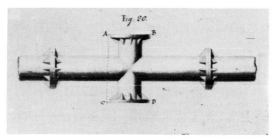

Als 1813 die alte steinerne Isar-Brücke, die den Fluß bei der heutigen Museumsinsel überquerte, durch ein starkes Hochwasser zerstört wurde, versuchte von Reichenbach, seine Idee praktisch zu verwirklichen. Doch mit dem Plan, den er vorlegte, scheiterte er, einerseits an technischen Bedenken, die angesichts einer noch nicht voll ausgereiften neuen Konstruktionsweise berechtigt gewesen sein werden, andererseits aber auch an ästhetischen Einwänden, die in einem Gutachten folgendermaßen zusammengefaßt wurden: »Die Erbauung einer eisernen Brücke als Kunstwerk bedeutet, ein großes widriges Denkmal unserer in mehr als einer Beziehung merkwürdigen Zeit zu geben«. Reichenbach selbst sagte von seiner Brücke in einem Schreiben an den Magistrat: »Die Brücke ist möglichst einfach und gewährt, zwar nur nach meinem Geschmack, auf keinen Fall einen architektonischen Mißstand. Ich will jedoch nicht in Abrede stellen, daß noch manche geschmackvolle Verzierungen angebracht werden könnten. Nämlich von Eisen oder Bronze gegossene Figuren auf die vier Postamente bei der Ein- und Ausfahrt und Basreliefs auf die Pfeileraufsätze mit Anspielung auf die gegenwärtige Regierung und Zeiten ...« Im Unterschied zum Garten-Architekten Sckell, der an dem »architektonischen Wert« seiner Eisen-Glas-Strukturen

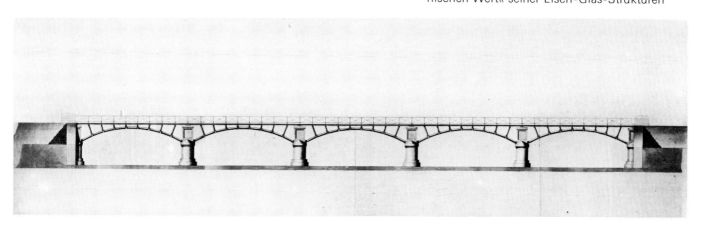

Entwurf einer eisernen Brücke über die Isar, 1814

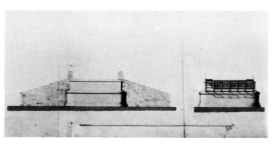

zweifelte und ihn durch Verzierung hinzufügen zu müssen meinte, ist der Techniker und Ingenieur Reichenbach sich seiner Sache und seines eigenen Urteils sicher, hat aber in leicht ironischer Großzügigkeit nichts dagegen, wenn man einige Verzierungen an sein Werk »anbringen« wolle; die Wahl des Wortes »anbringen« weist bereits auf die fatale Rolle hin, die im späteren Verlauf des Jahrhunderts die sogenannte »angewandte« Kunst des dekorativen Applizierens spielen sollte. Es ist zu vermuten, daß sich für Reichenbach gar nicht die Frage gestellt hat, ob und wie er ein »Kunstwerk« schaffen solle; er wollte eine Brücke bauen, eine gute, vernünftige, tragfähige, haltbare, ökonomische Brücke, mit den technischen Mitteln seiner Zeit, und wenn ihm diese Brücke gelänge, so würde sie in ganz selbstverständlicher Weise so gut und richtig und dienlich aussehen wie sie ist — weshalb nach Kunst und Schönheit fragen, wenn Bestimmung und Charakter einer Sache in ihrer Gestalt zu ästhetisch befriedigendem Ausdruck gelangt sind?

Zentralbahnhof, 1847–49
Friedrich Bürklein

Das erste große Bauwerk der technisch-industriellen Ära in München, der Zentralbahnhof, von Friedrich Bürklein 1847–49 errichtet, läßt in der Diskrepanz zwischen Außen und Innen etwas von den zwiespältigen Empfindungen spürbar werden, die das Heraufziehen der neuen und, wie es schon in der Kritik an Reichenbachs eisernem Brückenprojekt hieß, »merkwürdigen« Zeit weckte. Die freundlich-heiter gegliederte, mit romanisierender Säulenvorhalle einladende Eingangsfront verbirgt eine mächtige, halbtonnenförmig gewölbte Halle, die den eintretenden Zeitgenossen durch die Kraft und den Ernst grandioser Einfachheit überwältigte. Dieser Innenraum, ein langgestreckter, 20 Meter hoher Halbzylinder, aus dessen Dämmerlicht die eisernen Schienen durch feierliche Portale in die helle Ferne führten, war ein eindrucksvoll würdiger Ort, um sich »Jupiter« und »Juno« anzuvertrauen, den beiden Lokomotiven, die den Reisenden innerhalb von zweieinhalb Stunden nach Augsburg bringen würden.

Dieser wirkungsvolle Raum war in Material und Technik mit herkömmlichen Mitteln geschaffen worden: die 24 halbkreisförmigen Rippenbögen sind aus Holz, jeder einzelne besteht aus 140 aufeinandergeleimten und genagelten Brettstücken, mit zusätzlicher Verkleidung aus Lärchenholz; erst nachdem das Holzgewölbe errichtet war, wurden die begrenzenden Lang- und Quermauern hochgeführt. Die Mächtigkeit der Konstruktion teilte sich dem Charakter des Hallenraumes mit; als der Bahnhof 1883 von Heinrich Gerber, der drei Jahrzehnte zuvor als Bauleiter an der Errichtung der Eisenbahnbrücke

Zentralbahnhof, 1849

bei Großhesselohe mitgewirkt hatte, umgebaut und erweitert wurde, erhielt er durch das grazile Fachwerk eiserner Sichelträger eine transparente, helle Leichtigkeit, die im Gegensatz zur ursprünglichen Wirkung steht und ein anderes Verhältnis zur Technik bekundet.

Erweiterung und Umbau, 1883

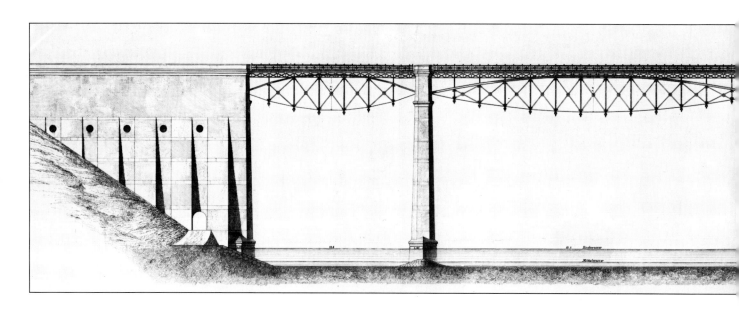

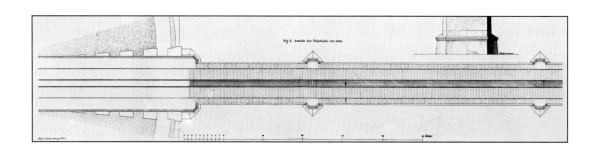

**Eisenbahnbrücke über die Isar bei
Großhesselohe, 1850—57
Friedrich August von Pauli**

Die Eisenbahnbrücke über die Isar bei Großhesselohe, 1850—57 von Friedrich August von
Pauli geplant und errichtet, ist ein technisch
bahnbrechendes, ästhetisch faszinierendes Meisterwerk seiner Zeit. Die Grazilität des schmiedeeisernen Tragwerks, die Kraft der hohen,
schlanken steinernen Pfeiler und die Einbindung
des technischen Bauwerks in die hier durch hohe
Ufer geprägte Landschaft des Isartals sind ihre
charakteristischen Qualitäten.

Friedrich August von Pauli, ausgebildet in
England, Professor und Rektor der Technischen
Hochschule München, Kollege und Freund von
August von Voit, dem Erbauer des »Glaspalastes«,
entwarf für die Isarbrücke mit Hilfe der neuesten
mathematischen Methoden »graphischer Statik«
einen extrem filigranen Gitterträger, den sogenannten »Paulischen Fischbauch- oder Linsen-
träger«, der eine ungewöhnlich feingliedrige und

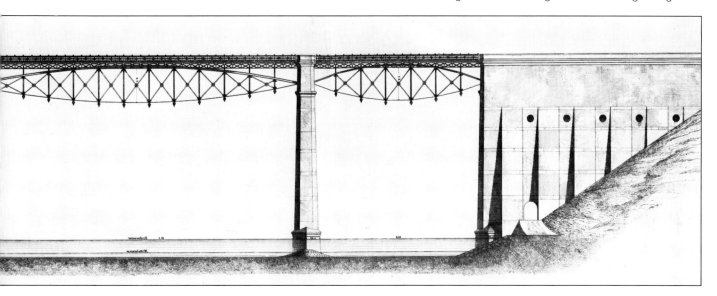

zugleich sehr wirtschaftliche Tragwerk-Kon-
struktion ermöglichte. Zur Form und Leistung
der Träger sagte Pauli: »Die Form dieser Träger
besteht aus zwei in entgegengesetzter Richtung
zusammengefügten Segmentbogen und gewahrt
den großen Vorteil, daß hierdurch bei gleichem
Querschnitt an allen Stellen eines Bogens ein
Körper von gleichem Widerstand gebildet wird,
was bekanntlich bei den Gitterbrücken nicht der
Fall ist; diese Träger sind zwischen den oberen
und unteren Rippen durch senkrechte Ständer
und diagonale Zugbinder ausgesteift und auf
gleiche Weise sowohl unter sich als auch mit
der daraufruhenden Fahrbahn so verbunden,
daß sämtliche Teile der Konstruktion in konti-
nuierlichem Zusammenhang untereinander stehen.« Dieser mathematisch-graphisch errechnete
und mit denselben Methoden auch praktisch
geprüfte Zusammenhang aller Teile gewährlei-

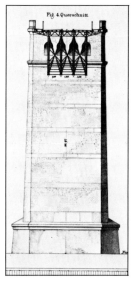

stete äußerste Stabilität und Tragfähigkeit bei geringstem Materialaufwand; damit erfüllte Pauli zugleich die an ihn gestellte Forderung »mit möglichster Ökonomie die größte Tragfähigkeit zu verbinden«: die Materialeinsparung gegenüber anderen Konstruktionssystemen betrug mehr als 50 Prozent. *Ökonomie* (nach Aristoteles die Lehre vom vernünftigen »Haushalten«), *Technik* und *Ästhetik* stimmen perfekt zusammen.

1908 waren durch die Entwicklung des Eisenbahnwesens, der Zugkraft, der Geschwindigkeit, der Spurbreite, der Waggongröße (besonders im Güterverkehr), die Fahrlasten derart angestiegen, daß die Grundlagen für Paulis Berech-

nung der erforderlichen Tragfähigkeit nicht mehr gegeben waren. Die damals vorgenommene Verstärkung und Veränderung des Tragwerks hat — trotz aller anerkennenswerten Bemühungen, möglichst schonend zu verfahren — das Aussehen der Brücke entstellt. Heute ist der Bestand der Brücke durch Materialermüdung so gefährdet, daß es unumgänglich zu sein scheint, eine neue Brücke zu bauen, von der zu hoffen ist, daß sie als ein Werk unserer Zeit dem Werk jener Epoche in ökonomischer, technischer und ästhetischer Hinsicht ebenbürtig sein wird.

Die Brücke heute, nach
der Veränderung des Trag
werks 1908

Maximilians-Getreidehalle, 1851–53
Carl Muffat

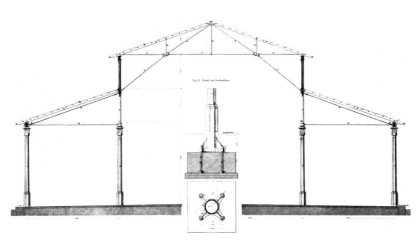

Als eine der »zierlichsten Konstruktionen von Paris« mit einem »spinnwebähnlichen Dachwerk« wurde 1838 in der Wiener »Allgemeinen Bauzeitung«, dem damals im deutschsprachigen Raum führenden Architekten- und Ingenieursblatt, der gerade fertiggestellte Marché de la Madeleine vorgeführt, zwecks »Bekanntmachung solcher Konstruktionen, die auf einem möglichst einfachen System beruhen und in Maßen ausgeführt sind, die nicht mehr als die nötige Sicherheit gewähren ... Mögen solche Eisenkonstruktionen zeigen, daß durch zweckmäßige Verwendung eines an sich kostbaren Materials Ersparnisse erzielt werden können und mögen sie in Deutschland mehr Eingang finden!« Kritisiert wurde an dem empfohlenen Vorbild jedoch die äußere Erscheinung: »... es ist schade, daß von einer so glücklichen Disposition im Innern des Gebäudes eine so schlechte Partie für dessen Äußeres gezogen ist, und daß dieses auch nicht entfernt an die Bestimmung des Gebäudes noch an dessen charakteristische Konstruktion erinnert.« Die Eingangsfront der Markthalle war nach der Schablone eines monumentalen Renaissance-Portals stilisiert.

Als Carl Muffat 1851 in München mit der Planung der »Maximilians-Getreidehalle« begann, die mit ihrem ebenfalls »spinnwebähnlichen Dachwerk« dem Inneren des Marché de la Madeleine sehr ähnlich sieht, war das Pariser Pionierwerk des Markthallenbaus bereits in sich zusammengesunken — »wegen allzugroßer Dreistigkeit des Architekten, dem diese zierliche Konstruktion zu verdanken ist«, wie die Wiener Bauzeitung nun befand. Muffat hatte offensichtlich aus der Pariser Katastrophe gelernt, als er durch zusätzliche »Zuganker« für die notwendige Querversteifung sorgte, die seiner Halle standfeste Dauer verlieh.

Mit ihren 403 Metern Länge brachte die »Maximilians-Getreidehalle«, volkstümlich »Schrannenhalle« genannt, eine neue Größenordnung in das Stadtbild Münchens. Ein Handels-Zweckbau von so enormer Ausdehnung war notwendig geworden, um dem Münchner Getreidemarkt, dem größten in Deutschland, Raum für seine an Umfang und Bedeutung ständig zunehmende Entwicklung zu schaffen. Maximilian II., seit der Abdankung von Ludwig I. im Jahre 1848 König von Bayern, dokumentierte seine Aufgeschlossenheit für Technik und Wissenschaft, Industrie, Handel und Gewerbe, indem er persönlich für einen so nüchternen Zweckbau, wie ihn eine Getreide-Markthalle darstellt, den Grundstein legte. Zur Wahl des Standortes der neuen Halle längs der Blumenstraße zwischen Viktualienmarkt und Angertor berichtete der städtische Bauführer Wind in der »Allgemeinen Bauzeitung«, die eingesetzte

Kommission »glaubte hier das allen Anforderungen entsprechende Terrain gefunden zu haben, indem noch vorzüglich der Umstand günstig erschien, daß es Eigentum der Gemeinde
war, und daß, wenn auch durch den durchfließenden Stadtgraben eine kostspielige Fundierung notwendig wurde, es doch besser war,
die aufzuwendenden Summen in die Hände der
arbeitenden Klasse, als in die Säckel reicher
Grundeigentümer fließen zu lassen.«

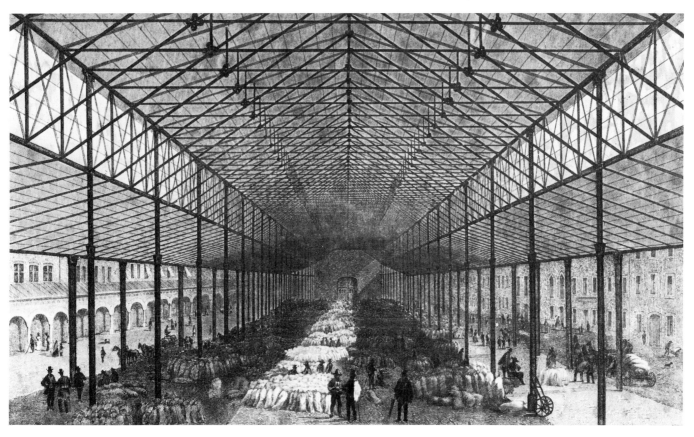

Muffat hat die Schrannenhalle in zwei seit-
lich offene Eisenhallen, einen massiven Mittelbau und zwei kleinere massive Kopfbauten gegliedert. Die steinernen Mittel- und Kopfbauten
sind von der eisernen Hallenkonstruktion deutlich unterschieden; in ihrer zweckhaft-einfachen,
wohlproportionierten Gestalt zeigen sie eigenen
Charakter und versuchen nicht, den Eisenhallen
stilistisch höhere Weihen zu geben. Die Hallen-
dächer werden von gußeisernen Säulen getragen; die Dachkonstruktion besteht aus druck-
belasteten gußeisernen Trägern und zugbelaste-
ten schmiedeeisernen Stäben und Stangen. Das
mit Blech gedeckte Dach ist an beiden Längsseiten durch verglaste Fensterbänder abgestuft.
Die luftige Weite des hellen, offenen Raumes
unter dem schwerelos wirkenden Gespinst der
knappen, präzisen Eisenkonstruktion kommt

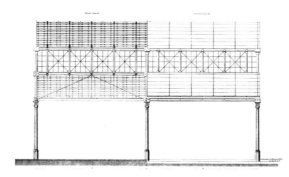

ausdrucksvoll in zeitgenössischen Darstellungen zur Geltung, die die Schrannenhalle in ihrem ursprünglichen Zustand zeigen.

Sehr bemerkenswert ist die Halle auch als ein frühes Beispiel für industrielles Bauen. Die Leistung der mit der Vorfertigung und Montage der Eisenkonstruktion beauftragten Nürnberger Firma Cramer-Klett und ihres leitenden Ingenieurs Ludwig Werder wurde in der Wiener »Allgemeinen Bauzeitung« folgendermaßen gewürdigt: »Die Fabrik Cramer-Klett, welche beide Hallen gebaut und aufgestellt hat, bewies hierbei, wie später wiederholt bei dem Baue des Industriepalastes in München, was bei intelligenter Anordnung und Leitung in kürzester Zeit mit den geringsten Kräften geleistet werden kann. Durch Konstruierung eigener Maschinen für Anfertigung der Dachbleche und Zusammennieten zu ganzen Flächen, ferner durch Legung von Schienenwegen für die eigens konstruierten Krahne und Konstruktionswägen war es ihr möglich, die erste Halle in einem Zeitraume von 21 Tagen und die zweite in 14 Tagen vollständig aufzustellen und zu vollenden ... Sämtliche Eisenteile wurden entweder einer Zug- oder Belastungsprobe je nach ihrer konstruktiven Anforderung unterworfen.«

Erhaltener Teil der
Schrannenhalle, heutiger
Zustand

Die Schrannenhalle ist bereits im 19. Jahrhundert durch Verglasung der offenen Längsseiten verändert worden; 1914 wurde der Mittelteil abgebrochen, 1927 die südliche Halle, 1933 die nördliche. Stehen blieb nur der nördliche Kopfbau am Viktualienmarkt, er dient heute als städtische Freibank. Der Montage-Bauweise ist es zu danken, daß ein 125 Meter langer Abschnitt der Halle an anderer Stelle heute noch existiert: auf dem Gelände der Stadtwerke an der Dachauer Straße identifizierte der Architekturhistoriker Volker Hütsch vor wenigen Jahren diesen Hallenrest, der offenbar in den Zwanziger Jahren auseinandergeschraubt, transportiert und wieder zusammenmontiert worden ist. Dieser originale alte Teil der Schrannenhalle, der heute als Lagerhalle benutzt wird, verdiente es, daß er noch einmal auseinandergenommen und wieder zusammenmontiert wird, um an geeignetem Ort als eine zu vielerlei gesellig-kulturellen Zwecken verwendbare Halle eine aktuelle Funktion in der Stadt zu erfüllen und damit zugleich die Erinnerung an eines der bedeutendsten Münchner Bauwerke des 19. Jahrhunderts zu bewahren — eine Denkmalpflege, die »der Vergangenheit eine Zukunft« geben will, hat hier eine vorzügliche Chance, ihre programmatische Idee konkret und demonstrativ zu realisieren.

Projekt für einen Wintergarten, 1852
Franz Jakob Kreuter

Wintergarten Maximilian II., 1854
August von Voit

Wintergarten Ludwig II., 1868

Aus den herrschaftlichen Orangerien des 18. und des beginnenden 19. Jahrhunderts entwickelte sich um 1840 als bürgerlich-urbane Variante der großstädtische Wintergarten. Berühmtes Leitbild wurde der Jardin d'Hiver des Champs-Elysées, 1847, ein außerordentlich elegantes Raumgebilde aus Glas und Eisen, ein Zentrum geselligen Lebens mit Bäumen und Blumen, Skulpturen und Bildern, Lesesaal und Café. »Auf den ersten Blick meint man ein Zauberreich zu betreten, so weit, luftig, leicht und elegant erscheint das Ganze« berichtete die englische Zeitschrift »Gardeners' Chronicle« aus Paris, und Joseph Paxton, der den Jardin d'Hiver besuchte, ehe er den Kristallpalast für die Londoner Weltausstellung 1851 baute, mag durch ihn zu dem Gedanken angeregt worden sein, das Ausstellungsgebäude später zu einer Insel ewigen Sommers zu machen: »In süditalienischem Klima werden die Leute in Hainen duftender Bäume spazieren und in Muße die Werke der Natur und Kunst studieren, ungeachtet des beißenden Ostwindes und des stiebenden Schnees…«

Auch in München trug man sich mit dem Gedanken eines öffentlichen Wintergartens inmitten der Stadt. Henry de Vaublanc, Oberhofmeister der Königin, einflußreicher französischer Ratgeber am Hofe, schlug 1852 vor: »Man denke sich eine mit Glas eingedeckte Galerie, Basar oder Pariser Durchgang, von der Sonne oder dem Ofen erwärmt; diese den Einwohnern Münchens während der rauhen Jahreszeit dienende angenehme Promenade ist mit Verkaufsläden für Bijouterie, Quincaillerie und Modewaren versehen und enthält ein Lesekabinett, ein Café, eine Restauration … Daß ein solches Etablissement in der Mitte der Stadt sein müßte, versteht sich von selbst.« Es wurden ernstliche Ansätze gemacht, um ein derartiges Vorhaben zu realisieren, doch schließlich obsiegten die Bedenken, die Bürgermeister Jacob Bauer vorbrachte: »Der Wintergarten ist ein schöner und frommer Wunsch, … aber ihn allgemein zu machen, das geht zur Zeit in München noch nicht. Es fehlt im Allgemeinen der bessere und höhere Sinn, und solch einen Platz nur bestimmten Klassen von Menschen zu öffnen, erzeugt Haß und Rachsucht von Seiten des niederen Publikums. Die Realisierung dieser Idee muß jener Zeit überlassen werden, wo bereits der Wohlstand bei dem größeren Publikum in München eingekehrt ist.«

So wurde schließlich an zentralem Ort, zwischen Nationaltheater und Königsbau der Residenz, statt eines urban geselligen Zentrums lediglich ein »Wintergarten für die allerhöchsten Herrschaften und ihre Umgebung« errichtet. Die zunächst großzügige Planung Franz Jakob Kreuters, die auch den Bereich zwischen Nationaltheater und dem Törringschen Palais einbezog

Projekt für einen Wintergarten, 1852

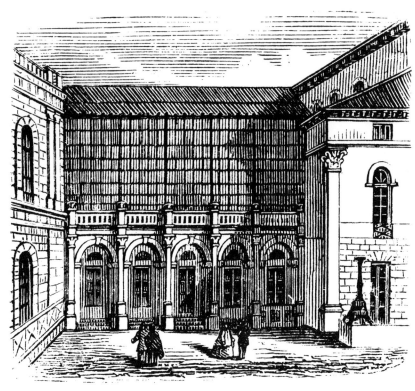

Wintergarten Maximilian II.,
1854

und damit den Max-Joseph-Platz dort, wo heute die Maximilianstraße beginnt, geschlossen hätte, wurde so stark beschnitten, daß Kreuter sich zürnend nach Wien zurückzog. August von Voit hat die reduzierte Planung fortgeführt und 1854 in Zusammenarbeit mit der Eisenbaufirma Cramer-Klett einen wesentlich kleineren, bescheidenen Wintergarten gebaut, eine sachliche Glas-Eisen-Konstruktion auf einem massiven, mit Arkaden versehenen Erdgeschoß. Da zur gleichen Zeit der »Glaspalast« für die Industrieausstellung 1854 geplant wurde, hat Max II. in letzter Minute den Versuch unternommen, das Ausstellungsgebäude so zu situieren, daß es später als eine Art großer städtischer Wintergarten dienen könnte; am 4. September 1853, als der Standort im Botanischen Garten bereits beschlossen war, schrieb er an die Ausstellungs-Kommission: »Ich wünsche umgehend Berichterstattung darüber, ob es nicht thunlich wäre, anstatt des im botanischen Garten zu erbauenden Industrie-Ausstellungsgebäudes ein solches Gebäude in der Stadt selbst aufzuführen, welches dann später als Passage und Kaufhalle ähnlich der in allen größeren Städten bestehenden benutzt werden könnte …« Doch ihm wurde geantwortet, daß es für ein Bauwerk dieser Größe keinen geeigneten Platz in der Stadt selbst gäbe.

Fünfzehn Jahre später hat Ludwig II. auf dem Nordflügel der Residenz, auf dem Dach des Festsaalbaues, seinen ganz privaten Wintergarten in Form eines transparenten Tonnengewölbes errichten lassen, in dem auf künstlichem See vor orientalischer Architektur und Himalaya-Panorama ein Nachen und zwei Schwäne schwammen, wie es der Hofphotograph Albert mit der Kamera festgehalten hat.

Wintergarten Ludwig II.,
1868

Glaspalast, 1854
August von Voit

Im Frühjahr 1854 wurden in München die Grundsteine für zwei bedeutende Gebäude gelegt, die in ihrer Verschiedenartigkeit deutlicher als alle anderen Bauten jener Epoche die Spannung zwischen zwei Traditionen der Baukunst dokumentieren: Am Königsplatz legte der ehemalige König Ludwig I. den Grundstein für die — 1860 vollendeten — Propyläen, auf dem Gelände des Botanischen Gartens setzte der Staatsrat von Fischer, Vorsitzender der Industrieausstellungs-Kommission, als »Grundstein« die erste Montage-Schraube in die erste Eisensäule des »Glaspalastes« ein, in dem wenige Monate später die erste große deutsche Industrie-Ausstellung eröffnet wurde.

Ob allerdings August von Voits Konstruktion aus Glas und Eisen überhaupt ein Werk der Baukunst genannt werden könne, wurde damals stark bezweifelt. Das Hin- und Hergerissensein

zwischen Faszination und Verstörtheit, in das der Glaspalast nachdenkliche Betrachter versetzte, hat ein zeitgenössischer Kritiker, A. Teichlein, scharfsinnig im »Deutschen Kunstblatt« vom 14. September 1854 beschrieben: »Der Glaspalast ist, seinem Zwecke gemäß, wesentlich eine *Architektur des Innern,* und diesem Innern fehlt es denn auch, wie allem wahrhaft Zweckmäßigen, nicht an eigentümlichem, bedeutsamem, ja poetischem Reiz. In dem allseitig eindringenden Lichtstrom findet der Geist dieser nach allseitiger Erleuchtung ringenden Zeit seinen unwillkürlichen und unverkennbaren Ausdruck. Und die erhebende Wirkung dieser

Lichtidee, dieser *immanenten Poesie* des Glaspalastes, ist es ohne Zweifel zuvörderst, welche der Eintretende unbewußt und unmittelbar erfährt … Allein – und das ist die Ironie dieser absoluten Lichtidee, welche jegliches gleichberechtigt in das hellste Licht setzen will, daß sie eben doch ihre Schattenseite hat – dieser Widerschein allgemeiner Aufklärung schließt auch das Spiegelbild der allgemeinen Unruhe, der flackernden, flunkernden, buntscheckigen Zerstreutheit und Zerfahrenheit in sich. Es fehlt dem Glaspalast die künstlerisch harmonische Betonung, das gesammelte Licht, und muß ihm fehlen, weil seinem Material von vornherein der *plastische Körper*, die *architektonische Masse* abgeht. Darum bleibt der architektonische Eindruck des allerwärts durchbrochenen, *durchlöcherten* Gebäudes durch und durch der des *Gerüsthaften*, Provisorischen … Deutlicher als irgendwo steht es diesen Glaspalästen an der Stirne geschrieben: Dies ist keine Zeit der dauernden, ideengesättigten und maßvollen Lebensformen, welche sich in monumentalen Bauwerken verkörpern lassen, dies ist vielmehr eine rastlose, irrende, suchende Übergangsperiode, und alles, was sie aus innerstem Bedürfnis zu bauen vermag, ist nicht Haus, nicht Palast, nicht Kirche, sondern prägt nur den Charakter ihres unstätten Seins, ihrer geistigen ›Durchgangspunkte‹ aus, es ist, mit einem Wort, *eine Art von Bahnhof…*« (Gut hundert Jahre später, 1972, spricht Ernst Bloch in einem Vortrag über »Architektur und Utopie« von der »*Bahnhofhaftigkeit*« unserer Zeit und malt die damals wie heute treffende Metapher sarkastisch aus: »bloß gehen die Züge nicht ab, oder sie gehen in der falschen Richtung ab, oder sie kehren unverrichteter Dinge zurück«).

Mit derart ambivalenter Kritik ist es dem Architekten Voit und seinem Partner, dem Ingenieur Ludwig Werder vom Eisenbau-Etablissement Cramer-Klett, nicht anders ergangen als dem Gärtner-Konstrukteur Joseph Paxton, dessen drei Jahre älterem Londoner Kristallpalast »eine bisher unerreichte Wirkung des Raumes« nachgerühmt und zugleich jeglicher »architektonische Wert« abgesprochen wurde, weil ihm »die Form fehlt und die Idee der Stabilität und Solidität«. Baukunst wurde von den Zeitgenossen nur in ihrer körperlich-plastischen Qualität empfunden und begriffen; ihre räumlich-strukturelle Qualität wurde nicht als architektonischer Wert erkannt und anerkannt, obwohl Architektur nach Ursprung und Bestimmung primär eine Kunst des Raum-Bildens und erst sekundär auch eine Kunst der Formung von Körpern ist. Was nicht, mit Teichleins Worten, einen »plastischen Körper« und »architektonische Masse« vorzuweisen hatte, erschien als »provisorisch«, »durch-

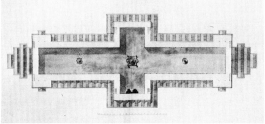

löchert«, »gerüsthaft«. Aber gerade in dieser Gerüsthaftigkeit des Glaspalastes und seines Londoner Vorbildes wurden die neuen Qualitäten einer Architektur sichtbar, die Räume nicht mehr als Hohlräume plastischer Körper formt, sondern sie durch eine Struktur gläsern schirmender Flächen und metallen stabilisierender Linien bildet, durch eine Struktur aus Haut und Knochen — »skin and skeleton«. Die lichte Offenheit und Freiheit dieser weiten, doch nicht zerfließenden, weil durch die Struktur klar definierten Räume wurde in ihrer »immanenten Poesie« spontan empfunden, aber als architektonische Qualität wurde sie erst begriffen und anerkannt, als dem Empfinden die nach-denkende Reflexion gefolgt war.

Der Münchner Glaspalast war das erste große Bauwerk auf dem Kontinent, das die Qualitäten einer neuen Architektur, die sich in

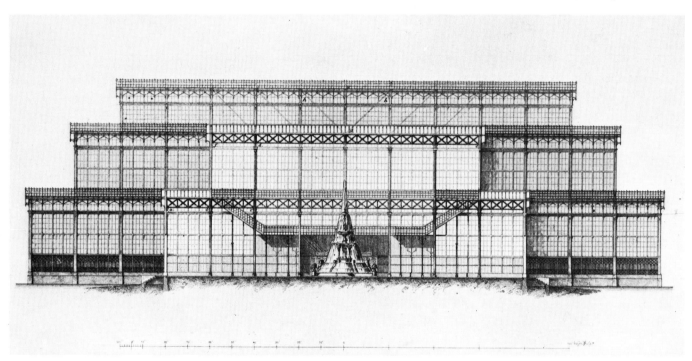

Gewächshäusern und Markthallen angekündigt hatte, konkret darstellte. Mit ihm stand München für einen kurzen, bedeutenden Augenblick an der Spitze der »Modernität«. Zwar war der Glaspalast mit seinen 234 m Länge beträchtlich kleiner als der 607 m lange Londoner Kristallpalast; und wenn man Voits vorsichtige, symmetrisch gliedernde, noch an Palastarchitektur erinnernde formale Komposition vergleicht mit der rücksichtslosen Entschiedenheit, mit der Paxton seinen »Palast« als Industriebau hingestellt hat, so muß man konstatieren, daß er auch in der Gesamterscheinung hinter seinem Vorbild zurückbleibt. Aber in einem wichtigen Punkt über-

trifft das Münchner Bauwerk das Londoner: Voit macht in den Fassaden, in der Struktur der Außenhaut, die unterschiedlichen Funktionen der stützenden, der tragenden und der lediglich der Ausfachung dienenden Konstruktionselemente in aller Deutlichkeit sichtbar, während bei Paxton sämtliche Elemente formal gleich behandelt werden, die primäre Struktur also nicht von der Ausfachung zu unterscheiden ist, wodurch die Fassade kleinteilig-gleichmäßig und wie »gestanzt« wirkt. Die *Ablesbarkeit* der Struktur, die später zu einem wichtigen ästhetischen Kriterium der modernen Architektur wird, ist am Glaspalast erstmals in derartiger Deutlichkeit demonstriert worden.

»Maximiliansstil«

Das Phänomen des Maximilianstiles verdient eine gerechtere Beurteilung als ihm bisher im allgemeinen zuteil geworden ist. Der Versuch, auf die Jahrhundertfrage »In welchem Stile sollen wir bauen?« eine »zeitgemäße« Antwort zu finden, ist beachtens- und achtenswert, auch wenn er letztlich mißglückte. Daß ein König, ein Staatsmann, ein Politiker einen derartigen Versuch unternimmt und ihn beharrlich über Jahrzehnte verfolgt, daß er Zeit-Probleme der Architektur nachgeht, anstatt sich von ihr zeitlos rühmen zu lassen, ist einzigartig bis zum heutigen Tag.

Bereits den 22jährigen Kronprinzen bewegte die Frage nach dem »Ideal der Baukunst«. Er schrieb – 1834 – an Karl Friedrich Schinkel nach Berlin, fragte ihn, »ob es überhaupt ein Ideal der Baukunst gäbe« und, gegebenenfalls, »welches es sei«, und erhielt zur Antwort: »Das Ideal in der Baukunst ist nur dann völlig erreicht, wenn ein Gebäude seinem Zwecke in allen Teilen und im Ganzen in geistiger und physischer Rücksicht vollkommen entspricht«. Im Hinblick auf das Verhältnis der Baukunst zur Geschichte fügte Schinkel hinzu, »daß ganz neue Erfindungen notwendig werden, um zum Ziele zu gelangen, und daß, um ein wahrhaft historisches Werk hervorzubringen, nicht abgeschlossenes Historisches zu wiederholen ist, wodurch keine Geschichte erzeugt wird, sondern ein solches Neues geschaffen werden muß, welches im Stande ist, eine *wirkliche Fortsetzung der Geschichte* zuzulassen.« Diese Sätze, ein Konzentrat Schinkelscher Architekturauffassung, haben zweifellos auf den Empfänger des Briefes einen nachhaltigen Eindruck gemacht.

Fünf Jahre später wandte der Kronprinz sich erneut an Schinkel und bat ihn um seine Meinung über die »Möglichkeiten eines neuen Baustils«, wobei er als eigene Ansicht die Möglichkeit andeutete, ein »schöpferischer Geist« könne vielleicht »aus verschiedenen Stilen das Beste wählend etwas Originelles bilden« (das Wort »originell« wurde damals im Sinne unseres »original« verwendet); er dachte also an eine Art ideal-schöpferischer Stil-Kombination. Dagegen betonte Schinkel in seiner Antwort, »jedes Kunstwerk« müsse »ein neues Element in sich haben, ohne ein solches, wenn es auch in einem bekannten, schönen Stil gearbeitet ist, kann es kein wahres Interesse zeugen«; dieses neue Element könne man aber nicht theoretisch finden, sondern es müsse durch »fortwährende praktische Arbeit« angestrebt werden, durch »Versuche«, die »eine fernere Vollendung zulassen«, und als einen derartigen Versuch schlug er vor, zunächst eine »Konkurrenz an einem ganz bestimmten Thema« zu veranstalten, »alles weitere muß geduldig der Zeit und der Entwicklung überlassen bleiben, wie bei allen bisherigen Stilen auch«. In diesem Vorschlag Schinkels ist vielleicht nicht die einzige, aber sicherlich eine wesentliche Anregung für den internationalen Architektur-Wettbewerb des Jahres 1850 zu sehen, den Max II., König seit 1848, durch die »Akademie der bildenden Künste« ausschreiben ließ zwecks »Anfertigung eines Bauplans zu einer Bildungs- und Unterrichts-Anstalt«, für das sogenannte »Athenäum«, das später den Namen »Maximilianeum« erhielt.

Zur Vorbereitung dieses Wettbewerbs, der mit der Lösung einer konkreten Bauaufgabe Anregungen für die Entwicklung einer »zeitgemäßen neuen Bauart« geben sollte, forderte Max II. den Architekten August von Voit auf, einige grundsätzliche Überlegungen zur Situation der Architektur schriftlich zu fixieren. In seinem Text, der als Grundlage für den Ausschreibungstext diente, betont Voit, es sei die Aufgabe der Architekten, »auf geschichtlicher Basis stehend eine freie Ausbildung zu beginnen«, »weder die griechische, noch italische, selbst auch nicht die gotische Bauart« könne »die Ausdrucksweise bleiben, da sie sich mit unserer Ideenwelt nicht identifizieren lassen«; ein Stil gehöre »selten einer Nation an«, er sei »vielmehr Gemeingut einer geraumen Zeitperiode«, und die »Merkmale der Stile« seien nicht

»in einzelnen Formen zu suchen«, sondern »im Geiste der Zeit, welche sich in dem Werke deutlich ausspricht«; da »die gegenwärtigen Verhältnisse nicht derart« seien, daß »immense Werke wie die der Ägypter oder des Mittelalters entstehen können«, dürften »an die jetzige Architektur keine Ansprüche auf Grandiosität und Überschwenglichkeit gemacht werden«, sie müsse sich »damit begnügen und ihre Stärke darin suchen, *den Menschen eine angenehme Umgebung zu schaffen*«.

In der Ausschreibung selbst und den ihr beigegebenen Erläuterungen wird als Ergebnis des Wettbewerbs erhofft »die Herstellung eines Bauwerks, in dessen gesamter Erscheinung der Charakter der Zeit so recht unverkennbar seinen verständlichen Ausdruck fände«. Der »Geist der Zeit« wird als das »rein geistige Moment« der Bauaufgabe in besonderem Hinblick auf die »anders gewordenen politischen und sozialen Verhältnisse« hervorgehoben; als »Grundideen unserer Epoche« werden bezeichnet »das Streben nach Freiheit, *freier Entwicklung und zwangloser Übung aller physischen und moralischen Kräfte*, Ideen, welche auch in der Architektur ihren Ausdruck zu finden verlangen«; nachdrücklich hingewiesen wird weiterhin auf die »ausgreifenden, staunenswerten Fortschritte der Technik« und auf die Wichtigkeit ökonomischer Gesichtspunkte: »Eine scharf ausgesprochene Anforderung der Gegenwart an die Baukunst ist die Verbindung von praktischer Zweckmäßigkeit mit möglichster Kostenersparnis; der Charakter einer zeitgemäßen Architektur muß daher sein: *praktische Zweckmäßigkeit, Komfort des Lebens, Einfachheit und Schönheit nach der gegenwärtigen Ausbildung der Technik, verbunden mit dem möglichsten Haushalte in den Mitteln*.«

Fürwahr, ein erstaunliches Programm — man möchte wünschen, daß es im öffentlichen Bauwesen, wenn schon nicht damals, so doch heute verwirklicht werden möge. Aber das enttäuschende Ergebnis des Wettbewerbs beweist, wie wenig theoretische Erkenntnisse und aus ihnen hergeleitete Forderungen vermögen, wenn ihre Realisierung, ja schon die Projektierung ihrer Realisierung, tief verstrickt ist in die emotionalen und ästhetischen, gesellschaftlichen, kulturellen, wirtschaftlichen Zwänge und Konventionen der Zeit. So gesehen ist »zeitgemäß« nicht nur das Programm des Wettbewerbs von 1850, sondern auch sein Scheitern — ein Spiegelbild der Janusköpfigkeit der Epoche. Diese Widersprüchlichkeit wurde schon im Programm selbst offenbar, in einem bisher von mir nicht zitierten Passus, der nun nachzutragen ist; er enthält eine stilistische Wegweisung, die in gewundenen Worten auf nahezu rührend fatale

»Gebärhaus« von
Friedrich Bürklein, 1853,
heutiger Zustand nach
Umbau zum Postscheck-
amt durch Robert Vor-
hoelzer, 1929

Von Max II. genehmigter
Fassadenentwurf Bürk-
leins für das »Gebärhaus«,
1853

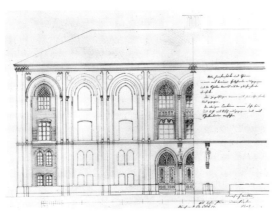

Weise das ganze zeitgemäße Programm ad ab-
surdum führt: »Wenn auch den konkurrierenden Künstlern keinerlei Zwang aufzuerlegen ist,
... so soll doch auch nicht verschwiegen bleiben, da es sich hier um die Herstellung eines
Gebäudes in Deutschland handelt, daß es vielleicht zweckdienlich erscheinen dürfte, bei dem
Entwurf dazu das Formenprinzip der altdeutschen sogenannten gotischen Architektur nicht
ganz aus den Augen zu lassen.« Dieser Wunsch,
der neue zeitgemäße Stil möge doch bitte ein
bißchen gotisch aussehen, geht zweifellos auf
Max II. persönlich zurück, den deutsch-roman-
tischen oppositionellen Sohn eines griechisch-
italischen Spätklassizisten. Aus Voits im Vorent-
wurf formulierter ausdrücklicher Ablehnung —
»auch nicht die gotische Bauart« lasse sich »mit
unserer Ideenwelt identifizieren« — war im Ausschreibungstext eine Empfehlung geworden, die
für jeden, der nach der Lektüre dieses Satzes
noch teilnehmen wollte, zur Pflicht wurde.

Zehn Jahre nach dem enttäuschenden, praktisch ergebnislosen Wettbewerb, als inzwischen
mit dem Bau des Maximilianeums, nach Plänen
von Friedrich Bürklein, im Zusammenhang mit
der Anlage und den ersten Bauten der Maximilianstraße begonnen worden war, hat Max II.,
wenige Jahre vor seinem Tode, die Zwiespäl-
tigkeit seiner rational am Zeitgemäßen und
emotional am Deutsch-Gotischen orientierten
Bemühungen eingesehen. Selbstkritisch wandte
er sich mit einer Art Rundschreiben noch einmal
an eine Reihe namhafter Architekten mit der
Frage, was nun, nachdem sich »die Hoffnung
bis jetzt noch nicht erfüllt hat, ein einfaches,
charakteristisches, neues und durchgreifendes
Stilprinzip zu finden«, getan werden könne zur
Förderung »einer aus den Bedürfnissen der Gegenwart entsprungenen«, »für die baulichen
Zwecke der *modernen Gesellschaft* geeigneten«
Architektur. Er spricht — nun im Sinne Voits — von
den »unfruchtbaren Versuchen, die Gotik wieder
zu beleben, mit deren Wiedereinführung eben
nur der mittelalterliche Geist der deutschen Nation wieder aufgeweckt« würde, während »die
modernen Bedürfnisse unseres Volkes dabei
nicht zu ihrem Rechte« kämen. Er weist auf die
Materialien Eisen und gebrannter Ziegel hin und
fragt, ob »zu hoffen sei, daß durch neue Verbindungen des Materials auch neue konstruktive
Prinzipien sich entwickelten«. Schließlich
fürchtet er, »die Grundformen« könnten »ein für
allemal erschöpft und die Architektur von nun
an *auf einen völlig subjektiven Eklektizismus angewiesen*« sein. Hier erinnert er sich Schinkels,
der mit Erfolg — wie die »schönen Erfolge der
Schinkel'schen Schule in Berlin« erkennen lies-
sen — versucht habe, das »willkürliche *Spiel des
Geschmacks* zu verbannen« durch die Rück-

führung der »Architektur auf reine und konsequente Gesetze, wie die griechische Architektur sie befolgt hat«. Es käme darauf an, folgert Max II., »die strengen Forderungen einer stetigen Durchdringung von Innerem und Äußerem, von Konstruktion und Dekoration, die *organische Entfaltung* jedes architektonischen Elementes in Schinkels Sinne zu vollziehen, in Schinkels Geist sich in die strenge Zucht antiker Einfachheit und Größe zu fügen, zugleich aber sich von dem unmittelbaren Vorbilde zu emanzipieren und in der Formgebung *sowohl die ästhetischen Forderungen als die materiellen Bedingungen der modernen Welt eigentümlich auszuprägen«*.

Die Antworten, die der König von den angeschriebenen Architekten erhielt, waren nichtssagend, höflich, ratlos. Die nächste Zukunft gehörte dem »willkürlichen Spiel des Geschmacks«, dem »subjektiven Eklektizismus«, sie gehörte »Neuschwanstein« in allen Varianten.

Wenn man sich bemüht, durch die Draperie des äußeren Erscheinungsbildes der Bauten der Maximilianstraße hindurchzusehen, um ihre vom Stil-Bild verhüllte Gestalt und Struktur in den Blick zu bekommen, so vermag man einiges von dem, was damals als unbekannt Neues ungenau anvisiert wurde, zu erahnen. Entblößt von Verkleidung zeigen diese Bauten eine — wie Teichlein vom Glaspalast sagte — »gerüsthafte«,

»durchlöcherte« Skelett-Struktur: die Fassaden-Wände sind weitgehend von ihrer tragenden Funktion entlastet, Pfeiler und Träger bilden ein vertikal-horizontales Gerüst mit großflächigen Feldern für Ausfachung, Fenster und Portale. Diese Tendenz zur Reduzierung der baukörperlichen Masse zeigt sich bereits in dem Entwurf Friedrich Bürkleins für die Fassade des »Gebärhauses«, den Max II. 1853 mit »einverstanden« unterzeichnete; als dieser Bau in den zwanziger Jahren unseres Jahrhunderts zum Postscheckamt (Sonnenstraße) umgebaut wurde, hat der Architekt Robert Vorhoelzer die Ausfachungsfelder zwischen den hohen Pfeilern durch Glas so weit geöffnet, daß der Baugedanke Bürkleins wirkungsvoll verdeutlicht erscheint. Schon 1852 hatte Friedrich Georg Ziebland dem König »Vorschläge zu einer neuen Bauart« gemacht, in denen er den Gedanken der Skelett-Konstruktion überraschend extrem formulierte: um »das Haus *von innen nach außen* zu entwickeln« solle der Architekt mit der »Aufstellung des Dachstuhls beginnen«, dies werde ihn »zu Säulen- und anderen Konstruktionen zwingen«, die ihm vielfältige, von Mauern nicht behinderte Ausbau-Möglichkeiten zwischen Dach und Erdboden geben würden; durch diese Bauart werde der Architekt »ein Feld eröffnet sehen, das für Zwecke der Schönheit nicht weniger als für

Zwecke der Nützlichkeit auszubeuten vielleicht Jahrhunderte nicht hinreichen werden…«

Die Bauten der Maximilianstraße und das Maximilianeum haben — im Gegensatz zu den körperhaft-kompakten Bauten der Ludwigstrasse — einen nahezu »graphisch« leichten, durchlässig grazilen Charakter, der noch stärker zum Ausdruck käme, wenn die vom König und seinem Architekten Friedrich Bürklein gewünschten Arkaden die Häuser geöffnet und räumlich mit der Straße verbunden hätten, — doch die geplanten Arkaden wurden aus wirtschaftlichen Gründen den Geschäften zugeschlagen. Beim Maximilianeum ist die grazile Leichtigkeit der Struktur formal betont durch die Kolonnaden des Obergeschosses, die als Silhouette durchlässig sind für Licht und Himmel. Die Geschäfts- und Wohnstraße, ihre Erweiterung zu einem großen grünen Forum, die den Fluß mit der Stadt verbindenden Isar-Anlagen und die Architektur bilden einen neuen, an Pariser Boulevard, Londoner Square und Sckells Englischem Garten orientierten großstädtischen Bereich, dessen von der Bürgerschaft lebhaft wahrgenommene Urbanität durch die anglo-gotisierende Draperie der Fassaden weniger beeinträchtigt wird als durch den brutalen Verkehrsdurchbruch, mit dem in unserer Zeit die urbane Einheit von Straße und Forum zerstört worden ist.

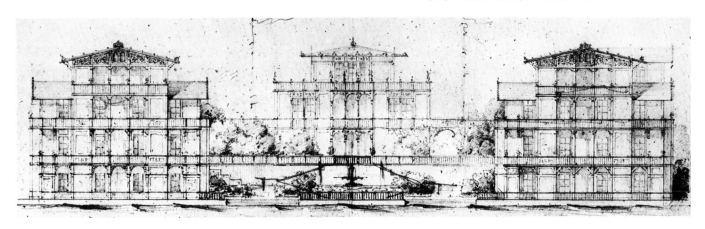

Entwurf für eine Schloß-anlage, aus dem Nachlaß von August von Voit

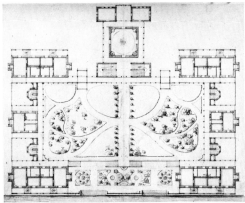

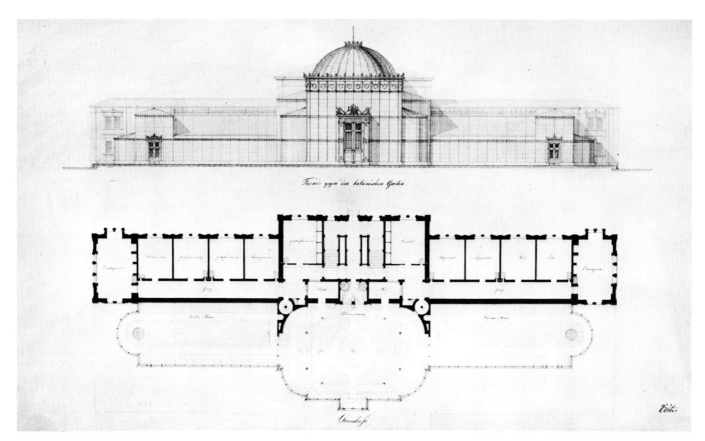

Gewächshaus
im Botanischen Garten,
August von Voit, 1862

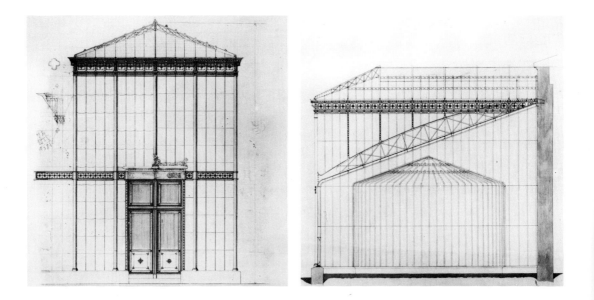

Die strukturelle Verwandtschaft der Architektur der Bauten des Maximilianstiles mit der Architektur des Glaspalastes ist unverkennbar. Besonders deutlich wird diese Verwandtschaft in einem undatierten Entwurf für eine »Schloß-Anlage« aus dem Nachlaß von August von Voit, dem Erbauer des Glaspalastes: in diesem Projekt ist die Transparenz und Leichtigkeit des Glaspalastes übertragen in die Architektur pavillonartig gruppierter Bauten, deren filigranes Netzwerk von Säulen, Trägern, Galerien, Loggien, Stegen, Terrassen durch eine so extreme Reduzierung der körperhaften Masse gekennzeichnet sind, wie sie in jener Zeit sonst nur in Glas-Eisen-Konstruktionen technisch-industrieller Art vollzogen worden war. Die Qualitäten einer freien, offenen, lichten Geräumigkeit, die den Glaspalast als modernes Werk auszeichneten, deuten in Voits Schloß-Entwurf auf eine architektonische Gestalt hin, wie sie im Maximilianstil gesucht, aber verfehlt wurde. Ein früherer, um 1865 zu datierender Entwurf für ein Landhaus weist am Beispiel einer bescheideneren Bauaufgabe in eine ähnliche Richtung; hier ist auch die im Grundriß erkennbare unkonventionelle Gliederung der Räume bemerkenswert. Mit seinem Gewächshaus für den Botanischen Garten, 1862, hat Voit die Konstruktionsidee des Glaspalastes in einer Weise zu präzisieren und zu verfeinern versucht, daß man spürt, wie er auch hier auf dem Wege ist, die neue Struktur zu einem integrierenden Element einer neuen Architektur zu machen. Dies scheinen schließlich auch einige weniger anspruchsvolle Nebenarbeiten Voits zu bestätigen, etwa die für den König und für die Königin geplanten Badehäuser mit ihrem so klar und sensibel ordnenden Raster von Konstruktion und Ausfachung, oder auch ein so nüchtern praktischer Gegenstand wie sein gelenkig-funktionales Zeichenpult.

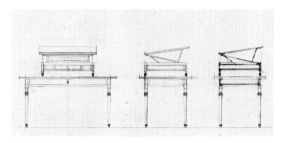

Zeichenpult,
August von Voit

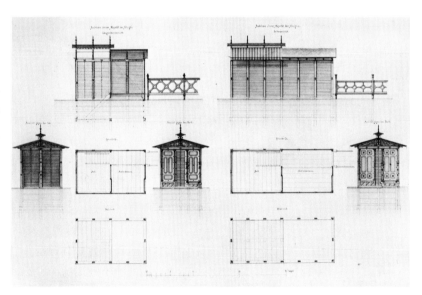

Badehaus des Königs,
Badehaus der Königin,
August von Voit

Von Zweckbauten der Jahrhundertwende zum »Neuen Bauen« der Zwanziger Jahre

Hackerbrücke, 1890–94
Maschinenfabrik Augsburg-Nürnberg

Gegen Ende des Jahrhunderts, in der an Renaissance und Barock orientierten Spätphase des von Max II. befürchteten »subjektiven Eklektizismus«, ist ein unkaschierter Ingenieursbau wie die Hackerbrücke eine seltene Erscheinung. Denn auch in der technisch geprägten Zweck-Architektur des Brückenbaus war es ungewöhnlich, die Konstruktion in einer derart direkten, durch keine historisierenden Formulierungen besänftigte Sprache zum Ausdruck zu bringen. Die Hackerbrücke, von der Maschinenfabrik Augsburg-Nürnberg (hervorgegangen aus der bayerischen Pionierfirma des Eisenbaus Cramer-Klett in Nürnberg) in den Jahren 1890–94 errichtet, ist nach der Eisenbahnbrücke über die Isar bei Großhesselohe der charaktervollste Eisenbrückenbau Münchens.

Als Straßenbrücke überspannt sie das Bahngelände westlich des Hauptbahnhofs mit sechs Fachwerkbogenträgern von je 29 m Stützweite, bei einer Bogenhöhe von knapp 8 m. Die entsprechend den unterschiedlichen konstruktiven Funktionen in Form und Dimensionierung sehr differenziert gestalteten Konstruktionselemente vereinen die lineare Grazilität horizontaler und vertikaler Verstrebungen mit der kraftvollen Energie der paarweise zu weitem Schwung ansetzenden Böden. Die außerordentlich starke ästhetische Wirkung der Brücke resultiert aus der Deutlichkeit, mit der Zweckbestimmung und Konstruktion zu charakteristischer Gestalt gebracht worden sind. — Die im letzten Krieg teilweise zerstörte Brücke ist 1953 unter weitgehender Wahrung des ursprünglichen Erscheinungsbildes wiederhergestellt worden.

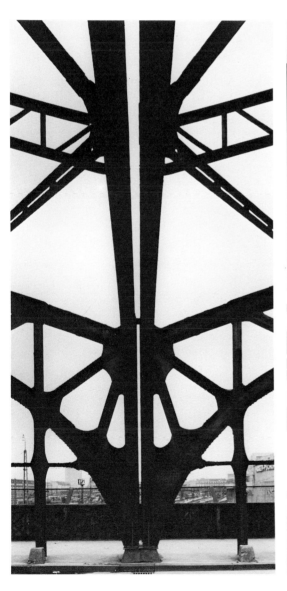

Das Tivoli-Kraftwerk wurde 1895 von den Maffei-Eisenwerken (die 1837 gegründete Firma stellte um 1840 die ersten bayerischen Lokomotiven her) gebaut, um als kombiniertes Wasser/Dampf-Kraftwerk Strom für den eigenen Bedarf zu erzeugen; später lieferte es Strom für die Tivoli-Mühle – daher sein Name – und noch heute erzeugt es eine Leistung von 690 kW, die ins öffentliche Netz gespeist wird.

In der stillen, kühlen Haltung seiner Architektur ist das Bauwerk ein Beispiel für die Verbindung von zweckbewußter Sachlichkeit mit traditionellen Gestaltungselementen, die hier jedoch weniger eine stilistisch-dekorative als vielmehr ordnende und gliedernde Bedeutung haben. Die ruhige Reihung der – auf einer Brückenkonstruktion über dem Eisbach errichteten – Giebelhallen, das schlichte Sichtmauerwerk der tragenden Wände, die wohlproportionierte Gliederung der Fassaden durch die hohen Rundbogenfenster mit ihren metallenen Rahmen und Sprossen, die leise Betonung der Ränder der drei Baukörper durch Mauerlisenen, all dies gibt dem Bau eine Art zeitloser Würde, ohne seinen technisch-industriellen Zweckcharakter zu beschönigen oder ungebührlich zu erhöhen.

Der wie selbstverständlich wirkende Einklang, der zwischen dem technischen Werk und der ihn umgebenden Natur besteht, bekundet und bestätigt die selbstbewußte Zurückhaltung, die diesen Bau auszeichnet.

Anatomie, 1908
Pettenkoferstraße 11
Architekt: Max Littmann

Das erste Bauwerk, das in München die konstruktiven und ästhetischen Qualitäten des Eisenbetons demonstrierte, ist die von Max Littmann 1908 gebaute Anatomie. Damals, als das Material Beton noch nicht durch eine einseitig gewinnorientierte Bauwirtschaft mißbraucht und in Verruf geraten war, konnte die »Süddeutsche Bauzeitung« über Littmanns Eisenbeton-Bau schreiben: »... die Wände glatt und

ruhig in dem feinen und matten Grau des Betons; fast ihr einziger Schmuck besteht in den aus der Konstruktion des Eisengerippes sich ergebenden Linien, die auch im Innern die einfache Gliederung der Wände bestimmen, ... nur glatte Flächen und rechte Winkel, ... schmucklose und vornehme Schönheit, ... in solchem Umfange ist die Anwendung des Materials Eisenbeton bei uns in der Außenarchitektur noch nicht gewagt worden, man kann sagen, das ganze Hauptgebäude ist eigentlich aus *einem* Stück Beton, ... so ist der Bau ein Musterbeispiel für moderne, aus der Zweckmäßigkeit geborene architektonische Schönheit«.

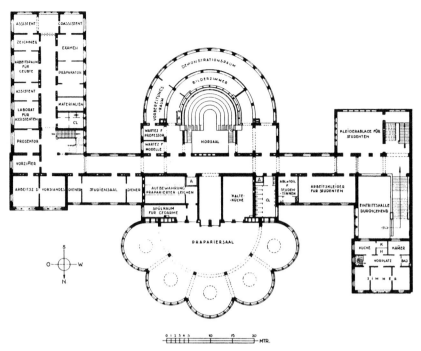

Neuartig und vorbildlich wirkte Littmanns Anatomie auch durch die sorgfältig überlegte räumliche Organisation des Bauwerks, durch die architektonische Gestaltung der Funktionsabläufe und Funktionsbeziehungen, die in der Zweckbestimmung – Präpariersäle, Laboratorien, Hörsäle, Schausammlung – begründet waren. Das Wort »organisch«, das später in den Zwanziger Jahren so große Bedeutung gewann, wurde in der »Süddeutschen Bauzeitung« bereits konkret auf Littmanns Anatomie bezogen: »... die klare Entwicklung der Formen muß auch demjenigen sofort plausibel werden, der den Zweck noch gar nicht kennt – so organisch wirkt das Ganze«.

So weist die Anatomie sowohl als Eisenbeton-Konstruktion als auch in ihrer organisch-funktionalen räumlichen Gliederung in die Zwanziger Jahre voraus. Dabei ist freilich nicht zu verkennen, daß in der Gesamterscheinung des Bauwerks diese Modernität leicht gebrochen erscheint durch den Tribut, den der Architekt seiner auf weihevolle Monumentalität gestimmten Zeit gezollt hat; in den Details dagegen, besonders in den ungemein kraftvoll und präzis geschnittenen Fensterlaibungen, sind charakteristische Qualitäten des Eisenbetons deutlich zum Ausdruck gebracht.

Großmarkthalle, 1910–11
Thalkirchnerstraße
Architekt: Richard Schachner

Mit seiner 1910–11 in Eisenbeton errichteten Großmarkthalle ist Richard Schachner, der zuvor das Schwabinger Krankenhaus gebaut hatte, einen wichtigen Schritt über Littmanns Anatomie hinausgegangen: seine Eisenbeton-Hallenkonstruktion ist frei von jeglichem traditionellen Formen- und Stimmungsgehalt und stellt sich im Inneren wie im Äußeren als ein so kompromißloser moderner Bau dar, daß sie zu Recht – von Winfried Nerdinger – als der »einzig wirklich moderne Bau im Sinne des Neuen Bauens in München vor dem 1. Weltkrieg« bezeichnet worden ist. Mit der Berliner Turbinenhalle von Peter Behrens und der Maschinenhalle von Walter Gropius auf der Kölner Werkbundausstellung gehört Schachners Großmarkthalle zu den bedeutenden deutschen Beispielen funktional-konstruktiven Bauens um 1910.

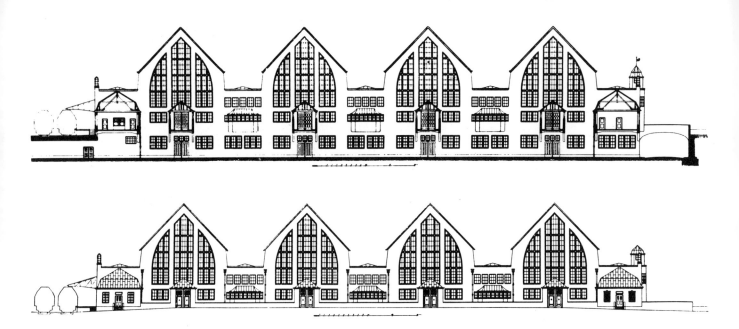

Die vier nebeneinander gereihten Giebelhallen, je 95 m lang, 17 m breit und 20 m hoch, an den Längsseiten durch niedrigere Zwischenhallen verbunden, erhalten ihre charakteristische Gestalt durch die im Abstand von 9 m hintereinander gereihten Eisenbeton-Rahmenbinder, wie sie ähnlich kurz zuvor Theodor Fischer bei seiner Ulmer Garnisonkirche erstmals in Deutschland verwendet hat. Die Giebelseiten sind verglast, längsseitig geben horizontale Fensterbänder unterhalb der Dachzone weiteres Licht. Im Inneren der hohen, freien, weiten Hallen blieben alle Eisenbetonflächen unverputzt; die Außenseiten wurden mit Kalkmörtelputz versehen, wofür die »Süddeutsche Bauzeitung« als Grund gewisse Schwierigkeiten der Materialverarbeitung anführt: »...wegen der Verschiedenartigkeit der Betonmassen und der mannigfachen, aus der teilweisen Herstellung zur Winterzeit sich ergebenden Unregelmäßigkeiten«.

Den ursprünglichen Eindruck der großartigen Raumwirkung vermittelt heute nur noch eine der vier Hallen, da die anderen nach teilweiser Zerstörung im Krieg in veränderter Form wiederhergestellt wurden.

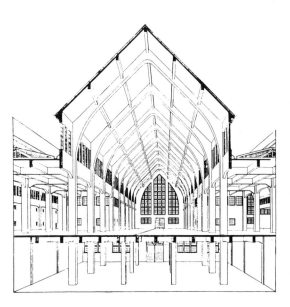

Ledigenheim, 1925–27
Bergmannstraße 35
Architekt: Theodor Fischer

Oberbürgermeister Scharnagl, der bei seinem Amtsantritt 1925 die »Verdrängung neumodischer, undeutscher und demoralisierender Gewohnheiten und Lebensäußerungen durch Pflege bodenständiger, wahrhaft volkstümlicher Überlieferung« als städtisches Kulturprogramm verkündet hatte, sah in dem geplanten Ziegelsteinbau des Ledigenheims – laut Protokoll der Stadtratssitzung vom 19.9.1925 – eine Gefährdung der »sauberen Kunststadt«. Der Architekt des Bauwerks, der 65jährige Professor an der Technischen Hochschule München Theodor Fischer (1907 hatte er zu den Gründern des Deutschen Werkbundes gehört), sagte bei der

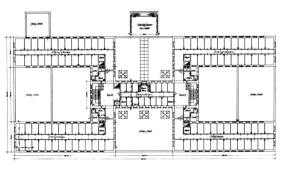

Eröffnung des Ledigenheims 1927: »...Ich selbst komme aus der historisch gerichteten Zeit der Architektur und werde niemals diese Herkunft verleugnen. Aber ich sehe die Dinge ringsum in Bewegung; ich halte es für einen Irrtum, die Kunst als etwas abseits vom Leben Bestehendes und Verharrendes, als etwas Zuständliches anzusehen, in dem man mit Behagen und Genießen sich auf die Dauer hinlagern könnte. Solche Meinungen, die mit dem Wort Tradition hausieren gehen, sind widernatürlich ... Ehrliche Arbeit, von innen heraus organisch wirkende, nicht Fassade und Repräsentation tut not, nicht das Schamtuch staubiger Harmonie ewig flicken, sondern der Mut zur Nacktheit...« In einer allgemeineren Betrachtung über »Münchens Zukunft im Bauen«, im gleichen Jahre 1927 in der »Bauzeitung« erschienen, bezeichnete Theodor Fischer *die Angst vor dem Charakteristischen« als »das Bezeichnende unseres Zustandes«* und er warnte davor, »allenfalls das Geschmackliche noch im Wert« zu halten und sich damit zu begnügen, »daß die Harmonie, der ›Galerieton‹ im Stadtbild gewahrt« werde.

Das Ledigenheim gehört zu den wenigen gültigen Beispielen des »Neuen Bauens«, die im München der Zwanziger Jahre zu finden sind. Als ein offiziell städtisches Bauwerk wäre es in der charaktervollen Gestalt, die es als ein Werk seiner Zeit auszeichnet, kaum geplant und gebaut worden; seine Existenz verdankt es der Initiative eines privaten gemeinnützigen Vereins, des »Vereins Ledigenheim«, der es sich zur Aufgabe gemacht hatte, die Wohnverhältnisse männlicher lediger Arbeiter zu verbessern. Das Heim enthält 324 Einzel-Wohn-Schlafräume und mannigfache Gemeinschaftseinrichtungen wie Speise- und Tagesräume, Schreib- und Lesezimmer, Baderäume, Küche, Wäscherei, Krankenstation etc. Die Wohn-Schlafräume sind etwa 8 m² groß, mit Wandschränken, fließend Wasser und Luftheizung ausgestattet; die Miete kostete 1927 pro Tag 80 Pfennige, bei monatlicher Zahlung gab es 10% Rabatt (das Durchschnittseinkommen Münchner Bürger betrug damals monatlich 332 Mark).

Dem Bauwerk ist anzusehen, wie intensiv sich der Architekt, der seine »Herkunft aus der historisch gerichteten Zeit niemals verleugnen« wollte, mit dem »Neuen Bauen«, das in Frankfurt, Stuttgart und Berlin stadtbildprägend in Erscheinung zu treten begann, auseinandergesetzt hat. Theodor Fischer hat keine äußerlichen formalen Merkmale des Neuen Bauens übernommen, um dem Ledigenheim ein »modernes« Aussehen zu geben, sondern er ist auf den Kern der Idee zurückgegangen, in der das Neue Bauen seinen Ursprung hat, auf *architektonische Gestaltung als konkrete Lösung einer gestellten*

Aufgabe. Die Gewissenhaftigkeit und die Entschiedenheit, mit der Theodor Fischer die primär sozial bestimmte Aufgabe gelöst hat, ist in der klaren, strengen, eindeutigen Haltung des Bauwerks zum Ausdruck gelangt. Der mächtige, aus dunklen, hell verfugten Hartbrandziegeln gemauerte Baukörper, die kraftvolle Gliederung in Mittelbau, Flügelbauten, Höfe und tief einspringende Luft-Licht-Räume, die in das »nackte« Mauerwerk hart eingeschnittenen Fensterzonen brachten einen so herben neuen »Ton« in den »Galerieton« Münchens, daß er als »modernstes« Bauwerk Münchens auch sein »umstrittenstes« war. Die »Bauzeitung«, die 1927 darüber berichtete, kam zu diesem Resümee: »Jeder muß aber die Konsequenz anerkennen, mit welcher der Bau aus dem Zweck entwickelt ist, bei strengstem Fernhalten von allen hypermodernen Mätzchen, von unlogischen Fensterstellungen, verschobenen Grundrißlösungen usw. Gerade jetzt in der Zeit des Streites um Münchens Baukunst erscheint uns der Bau des Ledigenheims sehr bedeutsam; er zeigt zur Genüge, daß man mit Ernst eine Weiterentwicklung der Baukunst will...«

Postbauten, 1925–32
Architekten: Robert Vorhoelzer,
Franz Holzhammer, Walther Schmidt

»Es will scheinen, als sei hier das Werk des Münchner Baumeisters und Lehrmeisters der jungen Architektenschaft, das Werk Theodor Fischers, weitergeführt worden bis zum endgültigen Durchbruch zur neuen Form«, schrieb Hans Eckstein 1930 in der Zeitschrift »Kunst und Künstler« über das ein Jahr zuvor fertiggestellte neue Postamt an der Tegernseer Landstraße, ein Bauwerk der Architekten Robert Vorhoelzer und Walther Schmidt. Eckstein, der seit der Mitte der Zwanziger Jahre bis in unsere Tage die Entwicklung von Kunst und Architektur in München – aber nicht nur in München – aufmerksam und kritisch verfolgt hat, berichtete in seinem Artikel, der »Die Kunststadt München und das Neue Bauen« beleuchtete, auch über die Resonanz, die das Gebäude in München fand: »... Das Münchnertum fühlte einen Einbruch fremden Geistes in die Atmosphäre seiner Stadt; die Presse wurde in ihrer Kritik des Baues ausfällig. Es ist richtig: mit der Architektur der retrospektiven Münchner Schule und der Lenbachzeit besteht hier keine geistige Verbindung mehr ... Das Münchnertum erblickt seine welthistorische Aufgabe in der Erhaltung der Tradition seiner nach außen glänzendsten Epoche und ist, in gefährlicher Bewußtheit seiner ›Eigenart‹, darauf bedacht, seine ›Atmosphäre‹ von ›Erscheinungen und Extravaganzen, die in Mode

Postamt an der Tegernseer Landstraße

gekommene Kunststätten aufweisen‹ (Worte des Oberbürgermeisters), rein zu halten … Wenn einmal ein neues München erstehen sollte, so wird dieses neue Münchner Stadtgesicht in Vorhoelzers und seiner Mitarbeiter baulicher Leistung seine Keimzelle haben.«

Robert Vorhoelzer, 1929 als Professor an die Technische Hochschule München berufen, 1933 seines Lehrstuhls enthoben und emigriert, leitete in den Zwanziger Jahren die Bauabteilung der Münchner Oberpostdirektion, die als staatliche Behörde dem Reichspostministerium unterstellt war. Die relative Selbständigkeit, die ihm die »Reichsunmittelbarkeit« bot, ermöglichte es Vorhoelzer, in wenigen Jahren fähige jüngere Architekten, von denen einige aus der Lehre Theodor Fischers kamen, um sich zu scharen und mit ihnen ein engagiertes, produktives Zentrum des Neuen Bauens in München zu bilden. Neben Vorhoelzer waren Franz Holzhammer und Walther Schmidt die führenden Köpfe in diesem Team, das mit den heute unter Denkmalschutz stehenden Postbauten der Jahre 1925 bis 1932 in München die deutlichsten Akzente moderner Architektur gesetzt hat.

Das Paketzustellamt, 1925–26 von Robert Vorhoelzer und Walther Schmidt gebaut, ist ein streng funktional aus den betriebstechnischen Forderungen und Abläufen entwickelter kreisrunder Bau, in dessen Mitte sich die zentrale, durch einen Glastambour taghell belichtete mechanische Verteileranlage befindet. Die Stahlbetonhalle hat 52 m Durchmesser, ihre Decke wird von acht Pilzsäulen getragen. Anlieferung, Sortierung, Verteilung und Abtransport der Pakete sind einspurig-kreuzungsfrei organisiert; »das Bauwerk«, so hat der Architekt Walther Schmidt es charakterisiert, »ist rein das Gehäuse der Betriebsvorgänge und der dort erstmalig entwickelten maschinellen Anlage: Betrieb, Maschine und Haus sind zur Einheit verschmolzen«. Das Paketzustellamt ist die perfekte architektonische Lösung einer richtig gestellten Bauaufgabe.

Während beim Paketzustellamt die technischen Betriebswege der maßgebliche Faktor der baulichen Organisation waren, tritt bei den Postämtern mit öffentlichem Verkehr der Wegeverlauf des Publikums als weiteres bestimmendes Element gleichen oder sogar höheren Ranges hinzu; die räumliche Gliederung muß dem Wegeverlauf und Aufenthaltsbereich der Menschen ebenso gerecht werden wie den Wegen der Betriebsabläufe, und sie muß vor allem eine räumliche Zone schaffen, in der beide Wege sich zum Kontakt zwischen Publikum und Amt berühren. Die drei Postämter von Vorhoelzer und Schmidt an der Tegernseer Landstraße, 1929, in der Fraunhofer Straße, 1931, am Goe-

Postamt am Goethe-Platz

Postamt an der
Fraunhoferstraße,
Hofseite mit Wohnungen

theplatz, 1932, und das Postamt von Vorhoelzer und Robert Schnetzer am Harras, 1932, sind
in der baulichen und räumlichen Synthese von
technischer Dienstleistung und menschlicher
Atmosphäre Beispiele von internationalem Rang
für *Amtsbauten in einer demokratischen Gesellschaft.* Die Überlegungen, die zu solchen Bauten geführt haben, hat Walther Schmidt in seinem Buch »Amtsbauten« 1949 rückblickend
dargestellt; im Abschnitt »*Rücksicht auf den
Menschen*« sagt er im Hinblick auf den Schal-
terraum: »Es ist nicht gleichgültig, welche Absichten aus diesem Raum zu den Besuchern
sprechen. Ob zum Beispiel hier Wichtigtuerei,
Affektiertheit, die Sucht nach modischen Wirkungen zu Worte kommen, oder ob gar eine
›straffe Haltung‹ dem Besucher vorexerziert
wird. Oder ob ihm der Raum mit Einfachheit
und Natürlichkeit begegnet, mit hellen Wän-
den, unaufdringlichen, soliden, sich zum Gebrauch bietenden Einrichtungen, mit einer Erscheinung, die unausgesprochen, ohne Präten-
sion, aber unüberhörbar die Würde des Menschen wahrt. Mit einer Erscheinung, die nicht
leugnet, daß es sich um einen Raum handelt,
der sachlichen und nüchternen Vorgängen gewidmet ist, aber dartut, daß diese Vorgänge
sich in einer Atmosphäre gegenseitiger Achtung
und Wohlwollens aller Beteiligten vollzie-

hen können, in einer Freundlichkeit, von der wir gerne möchten, daß sie das Verhältnis der Menschen untereinander regelte, vor allem auch die Beziehungen zwischen dem einzelnen und der staatlichen Sphäre auf einen guten Fuß brächte ...«

Solche »Rücksicht auf den Menschen«, hier am scheinbar so bescheidenen Beispiel eines Schalterraums erläutert, bekundet sich in den Postbauten von der architektonischen Gesamterscheinung und ihrer sensiblen Einordnung in das Stadtgefüge bis zur Gestaltung der Amtsräume, der Wohngeschosse, der Geschäftseinbauten und des bis in die geringsten Details sorgfältig ausgearbeiteten Designs der Schalter, der Schreibpulte, der Telefonzellen, der Briefeinwürfe, der Informationsschilder etc. Walter Gropius hat die hohe funktionale und ästhetische Qualität dieser Einrichtungen gewürdigt, indem er den von Walther Schmidt entworfenen Typus eines Postschalters 1930 in der Deutschen Sektion der internationalen Ausstellung der Société des Artistes Décorateurs in Paris zeigte.

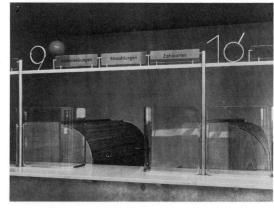

links: Außentreppe am
Postamt am Harras
oben: Schalter im Postamt
am Goethe-Platz
darunter: Typus eines
Postschalters und
Schalterhalle im Postamt
an der Fraunhoferstraße

**Wohnsiedlung Arnulfstraße, 1928–29
Architekten: Robert Vorhoelzer,
Walther Schmidt**

Den Architekten der Bauabteilung der Reichs-postdirektion München ist auch eine der wenigen städtischen Wohnsiedlungen zu danken, die mit den bedeutenderen Schöpfungen dieser Art in Frankfurt und Berlin immerhin verglichen werden kann. Der »soziale Wohnungsbau« der Zwanziger Jahre wurzelte in dem *wahrhaft sozialen Engagement moderner Architekten und Städtebauer,* für die zu allererst J.J.P. Oud zu nennen ist, der seit 1918, als er zum Chefarchitekten der Stadt Rotterdam ernannt worden war, den Massen-Wohnungsbau in den Niederlanden revolutionierte und starken Einfluß auch auf die Entwicklung in Deutschland

gewann. Die besondere Münchner Situation und das Renomee Ouds werden pointiert deutlich, wenn man in der »Bauzeitung«, 1927, Heft 1, den Diskussionsbeitrag liest, mit dem Paul Renner, Direktor der Graphischen Berufsschule München, in den damals heftig tobenden Streit um die »Kunststadt München« eingegriffen hat: »...Was können wir tun, um schnellstens die Vorgaben anderer Städte aufzuholen? Es gäbe einen sicheren Weg: wir sollten den abgeklärtesten der modernen Architekten, etwa den Rotterdamer Stadtbaumeister Oud, hierher rufen und ihm die Vollmachten geben, die der Frankfurter Stadtbaurat May hat. Für alle Re-

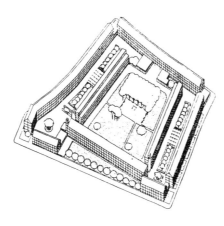

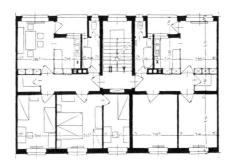

»Münchner Küche«

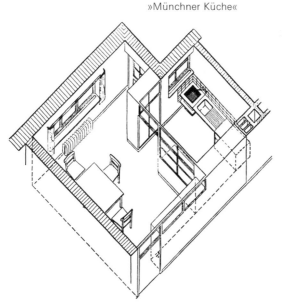

paraturen und Ergänzungen an unserem lieben alten Stadtbild haben wir erprobte Meister genug. Es gilt das neue München aufzubauen … Die Berufung Ouds, das wäre wie einst die Berufung van de Veldes nach Weimar …« Die Antwort auf diesen provozierenden Vorschlag folgte im nächsten Heft der »Bauzeitung«: »Wir brauchen keine Bevormundung: lieber noch Schmähungen und Begeiferungen erdulden, als Auslieferung der Münchener Baukunst an einen internationalen Kultus!«

Die Post-Wohnsiedlung an der Arnulfstraße wurde von Robert Vorhoelzer und Walther Schmidt 1928—29 geplant und gebaut als eine »Versuchssiedlung«, mit der die »Reichsforschungsgesellschaft für Wirtschaftlichkeit im Bau- und Wohnungswesen« die Bauabteilung der Postdirektion München beauftragt hatte. Durch den Forschungszweck und die erforderliche Vergleichbarkeit mit anderen Wohnanlagen waren die Architekten an Bedingungen gebunden, die ihre Planungsmöglichkeiten auf nur zwei Haus-Typen und auf Blockbebauung einschränkten. Dennoch ist es ihnen gelungen, eine vorbildliche, an den tatsächlichen Wohnbedürfnissen der Menschen orientierte Anlage zu schaffen, die einen neuen Maßstab für den Wohnungsbau in München gesetzt hat. Der in den Ecken geöffnete Block dreigeschossiger Bauten hat als Mitte einen sehr großen öffentlichen Grünraum mit begehbarem Rasen, Bäumen, Kinderspielplätzen, Ruheplätzen; die Wohnfronten öffnen sich mit breiten Fenstern und Loggien zu diesem weiten, gegen Lärm und Staub der Straße geschützten Freiraum. Die Grundrisse der 57 und 70 Quadratmeter großen Wohnungen erschließen alle Räume durch einen hellen Flur, der Hauptwohnraum ist verbunden mit Küchenteil und Loggia. Der Küchenteil — mit Dunstabzug — ist vom Wohnraum durch eine in halber Höhe verglaste Wand getrennt, so daß er mit ihm in Sicht- und Hörverbindung steht, aber keine Geruchseinheit nach Wohnküchen-Art mit ihm bildet; von der bekannteren separaten »Frankfurter Küche« unterscheidet sich diese »Münchner Küche« also durch den Vorzug, daß sie den Familienkontakt zum Wohnraum — vor allem für die Mutter zu den Kindern — bewahrt.

Wohnsiedlung Neu-Ramersdorf, 1928–30
Rosenheimerstraße
Architekten: Delisle & Ingwersen,
Richard Berndl

Die Siedlung Neu-Ramersdorf, 1928–30 unter der Oberleitung von Delisle & Ingwersen und Richard Berndl gebaut, gehört zu den weiteren bemerkenswerten Münchner Unternehmungen des »sozialen Wohnungsbaus« der Zwanziger Jahre. Als größte der Wohnsiedlungen, die im – durch eine Denkschrift des Stadtrates Karl Preis ausgelösten – Wohnungsbauprogramm der Stadt München 1927 geplant wurden, sollte sie auf einem 50 ha großen Areal östlich des Ostbahnhofes 3500 Wohnungen umfassen, von denen damals jedoch nur ein Drittel gebaut wurden.

Die 4-geschossigen, nord-süd gerichteten Zeilenbauten sind durch eine Randbebauung gegen die angrenzenden Hauptverkehrsstraßen abgeschirmt. Zwischen den Zeilen befinden sich etwa 60 × 100 m große Wohnhöfe, die heute parkartig mit Bäumen und Strauchgruppen eingewachsen sind und eine angenehme, ruhige Wohnatmosphäre inmitten der Stadt bilden. Die Randbebauung ist zu den Straßen hin mit Geschäften, Gaststätten und mannigfachen Dienstleistungsbetrieben versehen, so daß von vornherein für die vielen Bedürfnisse und Wünsche städtischer Kommunikation gesorgt war und der lähmende Eindruck einer isolierten Schlaf-Wohn-Siedlung vermieden wurde. Ebenso bewirkte die Differenzierung der Wohnungsarten

und -größen in 4 Typen von 50 bis 100 m²
Wohnfläche eine gesellschaftliche Vielfalt der
Bewohner, die als weiteres notwendiges Element
städtischen Lebens den Charakter der Siedlung
prägt.

Flugzeughalle Oberwiesenfeld, 1928–29
Architekt: K.J. Moßner

»Es ist für unsere Zeit wohl in besonderem
Maße kennzeichnend, daß sie ihre besten und
interessantesten Leistungen bei der Lösung solcher Aufgaben entwickelt, die tatsächlich ihr
und nur ihr eigentümlich sind ... Die wirklich
neuen Probleme werden im allgemeinen mit
einer erstaunlichen Sicherheit, mit viel Tempe-
rament und großem Können aufgegriffen und
gelöst. Wenn die Ergebnisse auf diesen Gebieten
naturgemäß auch nichts Endgültiges bedeuten
können, so werden sie doch auch künftigen
Zeiten uneingeschränkte Achtung abnötigen und
für sie als der charakteristische Ausdruck ›der
besseren Hälfte‹ unserer Zeit gelten.« So leitete
Rudolf Pfister in der »Baukunst« 1930 seinen
Bericht über den neuen Flughafen München
auf dem Oberwiesenfeld ein, den der Architekt
K.J. Moßner 1928–29 gebaut hat.

Man zögert, Pfister ganz zuzustimmen, denn
Moßners Flughafen-Anlage besteht aus zwei
Bauwerken, von denen man wiederum das eine
als »bessere Hälfte« dem anderen gegenüber-
stellen möchte. Während das damals »Flughof«
genannte Gebäude für Passagier-Abfertigung
und Verwaltung in seiner etwas monumentali-
sierenden Massivität Tendenzen anzukündigen
scheint, die im folgenden Jahrzehnt florieren
sollten, ist die Flugzeughalle ein ausdrucksvolles
technisch-architektonisches Werk, das direkt
und überzeugend die Sprache seiner Zeit spricht.
Die Kraft und die Präzision, die sich in der großen
Spannweite und der genau ablesbaren Konstruktion bekunden, und die Selbstverständlich-
keit, mit der das stählerne Stütz- und Tragwerk
und die unabhängig von ihm hochgeführten
Lichtwände aus Glasbausteinen als die raum-
bildenden Elemente in Erscheinung treten, ver-
dienen zweifellos die »uneingeschränkte Achtung« unserer Zeit.

Reserve-Kraftwerk, 1928
Architekt: Hermann Leitenstorfer

Ein anderes technisches Bauwerk von bemerkenswerter architektonischer Qualität ist das Reserve-Kraftwerk der Münchner Elektrizitätswerke, das von Hermann Leitenstorfer — Städtisches Hochbauamt — 1928 an der Isartalstraße gebaut wurde. Es handelte sich dabei um eine Erweiterung des bestehenden Kraftwerks; die Aufgabe war, wie Rudolf Pfister in der »Baukunst« schrieb, »in Verbindung mit dem bestehenden, in dem seinerzeit üblichen Münchner Neu-Barock errichteten Maschinenhaus ein neues Kesselhaus von sehr bedeutenden Abmessungen (Firsthöhe 30 m) samt Kohlenbunkern zu errichten und das alte Maschinenhaus, das mit riesigen neuen Dampfturbinen ausgestattet wurde, zu verlängern; eine Rücksichtnahme auf das Bestehende in irgendeiner formalen Richtung mußte der Architekt bei seiner erfreulich sachlichen Einstellung natürlich ablehnen, aber es ist schade, daß man ihm nicht die Möglichkeit gab, den hier an einem reinen Zweckbau besonders fatalen Neu-Barock ganz zum Verschwinden zu bringen.« Diese letzte Bemerkung stimmt heute besonders nachdenklich, wenn man weiß, daß Rudolf Pfister ein durchaus konservativer Architekturkritiker gewesen ist.

Der aus der Funktion entwickelte kräftige Stahlbetonbau des Kesselhauses mit Kohlenbunker und Kohlenförderungsanlage, das Maschinenhaus mit seiner, wie Rudolf Pfister zu Recht befand, »wahrhaft schönen Glas-Eisen-Giebelwand« und das 100 Meter hohe Schornsteinpaar bildeten ein architektonisch wohlproportioniertes technisches Ensemble, das die Nachbarschaft der Stadt und des Isartals nicht zu scheuen brauchte.

»Flachdachhaus« 1927
Projekt Geschäftszentrum Nord, 1928
Architekten: Lechner und Norkauer

An Flachdach und Fenstersprossen schieden sich schon in den Zwanziger Jahren die Geister auf manchmal kuriose Weise. Die Architekten Lechner und Norkauer vermochten ihr »Flachdachhaus aus Hohlblocksteinen«, das sie als temporäres Ausstellungsstück für die Münchner Handwerksausstellung 1927 aufgebaut hatten, auch nicht durch eine halbherzige Ausstattung mit Fenstersprossen und Kakteenbank vor dem Unmut der Betrachter zu bewahren. Dies »Kuriosum für Münchner Verhältnisse«, wie die »Bauzeitung« das Haus nannte, war für Rudolf Pfister im »Baumeister« ein »interessanter Versuch, uns die ›kubische Bauweise‹ norddeutscher Provenienz schmackhaft zu machen«. Pfister räumte ein, daß »hier gut bewohnbare Räume organisch gruppiert zu einer äußeren Erscheinung gestaltet sind, welche die ›neue Sachlichkeit‹ und die elementaren Gestaltungsprinzipien zu einer

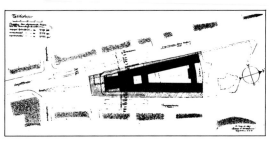

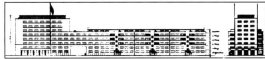

sehr diskutablen Synthese gebracht haben« —aber für Dach und Dachterrasse hörte er bereits »für den ersten Weihnachtsfeiertag das Kommando: alle Mann an Bord zum Schneeschaufeln!« Häuser solcher Art, auch in überzeugenderer architektonischer Gestalt, in München zu bauen, war in jener Zeit undenkbar.

Die gleichen Architekten haben 1928 einen städtebaulich interessanten Vorschlag für die »Münchner Freiheit« gemacht: ihr Projekt für einen »Schwabinger Stachus« sah ein Geschäftszentrum-Nord in Form eines großen Kauf- und Wohnblocks vor, dessen 8-geschossiger »Bug« mit Aussichtsterrasse zur Leopold- und Ludwigstraße gerichtet war.

Projekt »Die sogenannte Wohnmaschine«, 1926
Entwurf für ein »Großes Reihenhaus«, 1926
Architekt: Otto Völckers

Otto Völckers, ein Architekt, der sich auf Ironie verstand, gab seinem Projekt eines Einfamilienhauses von vornherein den Namen »Die sogenannte Wohnmaschine«, um gar nicht erst in Verdacht zu geraten, er könne die Realisierung eines derartigen Hauses im München des Jahres 1926 ernstlich für möglich halten. Die Bedeutung dieses Entwurfes »ohne Chance der Verwirklichung« hat Winfried Nerdinger, der Leiter der Architektursammlung der TU, in deren Besitz der Entwurf sich befindet, folgendermaßen charakterisiert: Völckers »verwendete hier als erster Architekt in München die Grundelemente des Neuen Bauens: rhythmisch ineinander verschobene Kuben, Mauerscheiben, Fensterbänder und freie Fensteranordnung, Flachdach und Terrasse, gliedernde Gesimse und Überdachungen, Wandabschluß nach funktionalem Grundriß, Durchdringung von Innen- und Außenraum, Arbeitsraum über zwei Geschosse etc. Anregungen vom Bauhaus, der holländischen De Stijl-Architektur, von Le Corbusier u. a. sind offensichtlich ...«

Eine weitere bemerkenswerte Arbeit von Otto Völckers ist sein »Entwurf für ein großes Reihenhaus«, den er — mangels Realisierungsmöglichkeit — als »Studie« in Heft 5/1926 der »Bauzeitung« veröffentlichte. Es handelt sich um ein frühes Beispiel eines »Terrassenhauses«: der breitgelagerte Baukörper, der eine Lücke in einem gartenstadtartigen Wohngebiet schließen sollte, ist als Einfamilien-Reihenhaus in 3-geschossiger Abstufung sowohl zur Straße als auch zum Garten üppig mit Terrassen und Veranden versehen. Interessant ist auch, welche Bedeutung der Architekt der Farbgebung zumißt; in der Erläuterung seiner »Studie« sagte Völckers hierzu: »Das Haus ist sehr farbig gedacht: Erdgeschoß mit braunen Klinkern verblendet, Obergeschoß und Giebel verputzt und tief rot eingefärbt, Gesimse in silbergrauem Kunststein, Holzwerk weiß — man bedenke dazu die ganz grüne Umgebung ...«

Entwürfe für Holzhäuser, 1932
Architekt: Richard Riemerschmid

»Wir sind der Natur um manchen Schritt näher gekommen, seit wir arm geworden sind; stärker empfinden wir wieder die Schönheit des Einfachen, Schlichten, Ungekünstelten: Wir wenden uns ab von Verzierungen und Ausputz, lieben das Geradlinige, Straffe, Knappe, wir lieben das Freie und Weite, Sonne und Licht, Wind und Wasser, unverdorbene, vom ›Fremdenverkehr‹ noch verschonte Landschaft, und schon wird ein nächster Schritt getan: Wir werden wieder empfänglicher für den frischen, immer neuen Reiz der natürlichen, nicht künstlich hergestellten Werkstoffe ... Das Holz als Baustoff ist in Europa lange Zeit viel zu gering geschätzt worden; auch seine konstruktiven und technischen Vorzüge sind größer und vielfältiger als wir und die Baupolizei wissen ...«

Würde der ruhige, rhythmische Gang der Sprache nicht bekunden, daß diese Sätze aus einer anderen Zeit als der unseren stammen, so könnte man meinen, sie seien heute gesprochen, von jemandem, der darüber nachdächte, wie man einfacher, natürlicher, vielleicht auch billiger, vielleicht sogar mit eigener Hand bauen könnte, ohne all diese technische Perfektion, die uns so teuer zu stehen kommt und uns obendrein noch unfrei macht, indem sie den Spiel-Raum selbstbestimmten Wohnens und Bauens immer mehr einengt. Richard Riemerschmid,

*Bild 22 und 23
Holzhaus mit Wohn-
raum, Arbeitszim-
mer, zwei Schlaf-
zimmern, Schlaf-
kammer (5 Betten), Küche, Bad, Abort, Keller und Schuppen*

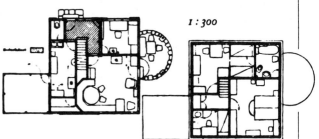

*Bild 32 bis 34 / Holzhaus mit Wohnraum, Arbeitszimmer,
Küche, Abort und Schuppen im Erdgeschoß, 2 Schlafzim-
mern, Schlafkammer (5 Betten) und Bad im Obergeschoß*

einer der Gründer des Deutschen Werkbundes und von 1913 bis 1924 Direktor der Kunstgewerbeschule München, hat mit den zitierten aktuellen Sätzen die Erläuterung seines Vorschlages, wieder mehr Holzhäuser zu bauen, eingeleitet, den er 1932 in der »Bauwelt« (Heft 40) gemacht hat. Zu seinem Text hat er fünfzehn eigene Entwürfe von Holzhäusern abgebildet, die in der natürlichen Einfachheit ihrer Erscheinung und der vernünftigen Brauchbarkeit ihrer räumlichen Anordnung veranschaulichen, was er mit seinen Worten im Sinn hat.

Architektur der Nachkriegszeit und Gegenwart

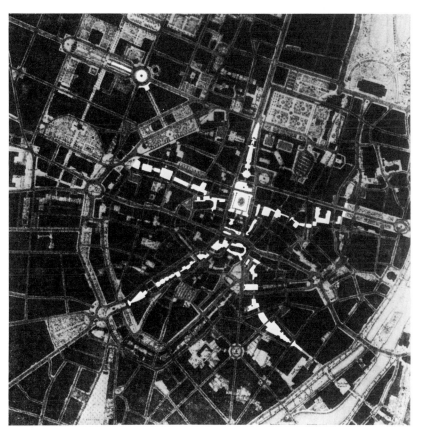

**Projekt für ein Fußgänger-Wegenetz
in München, 1950
Architekt: Adolf Abel**

Viele Jahre, bevor die Fußgängerzonen den
Großstädten ein wenig von der sozialen Intimität
des Flanierens zurückzugeben begannen, die
der Autoverkehr ihnen genommen hat, schlug
der Architekt und Stadtplaner Adolf Abel für
München ein Fußgänger-Wegenetz vor, das
damals kaum Beachtung fand. In seiner Schrift
»Regeneration der Städte«, 1950, schrieb Abel:
»Unsere Steinstädte entsprechen nicht
mehr unserem Bedürfnis. Auch wenn man ihm
durch Grünflächen entgegenzukommen suchte,
so bleibt die ausschlaggebende Struktur der
Städte dadurch mehr oder weniger unberührt.
Eine neue Idee müßte also eine andere Struktur
der Städte anstreben ... Ein Beispiel ist Venedig. Sein Geheimnis beruht auf der Verbindung
von zwei Verkehrsnetzen, von denen das eine
durch Wasserkanäle, das andere durch Straßen
und Plätze gebildet wird, das erste *ganz* den
Gondeln, das zweite *ganz* dem Fußgänger überlassen ... (Ein anderes Beispiel ist) das Palais
Royal in Paris, hier ist diese Trennung in Verbindung mit der Natur so durchgeführt, daß man die
Situation wie eine Oase in der verkehrsreichen
Weltstadt empfindet; nach innen ein Paradies
für den Fußgänger, nach außen bequeme Er-
reichbarkeit durch den Wagen ... Der Plan für
München zeigt einen Stern von Fußgängerbe-
zirken, der in fünf Armen von einem neu entstandenen Mittelpunkt der Stadt nach allen Seiten führt. Es wäre sozusagen eine neue Fuß-
gängerstadt in der alten entstanden, ähnlich
wie in Venedig, und die Architekten wären wieder vor Aufgaben gestellt ohne Randsteine,
Baulinien und Hauptgesimshöhen. Ein neues
Gestalten mit lebhaftem Vor und Zurück, Auf
und Ab würde der Baukunst neuen Antrieb
geben ...«

**Wohnhochhaus an der Theresienstraße,
1950
Architekt: Sep Ruf**

In zeitgenössischer Charakterisierung hat Hans Eckstein 1951 in der Zeitschrift »Bauen + Wohnen« über dieses Bauwerk gesagt: »Das achtgeschossige Wohnhochhaus, das der Architekt Sep Ruf für den Verein zur Behebung der Wohnungsnot e.V. Nürnberg an der Theresienstraße errichtete, hat für das so stark von konservativem Lokalgeist beherrschte Planen und Bauen in München größte Bedeutung. Es ist ... in der alten klassizistischen Ludwigsvorstadt zwischen Odeonsplatz, Siegestor und Propyläen der erste vollendete Neubau von in Befangenheiten in historischen Reminiszenzen völlig freien Formen. Zum erstenmal wurde in einem Münchner

Sep Ruf hat in den folgenden Jahren ähnliche große Wohnbauten errichtet, für die das Haus am Habsburger Platz ein weiteres kennzeichnendes Beispiel ist.

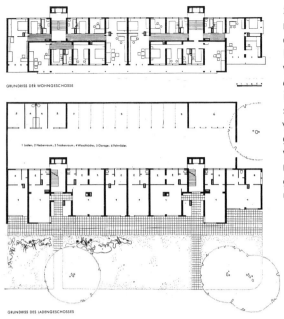

GRUNDRISS DER WOHNGESCHOSSE

1 Laden; 2 Nebenraum; 3 Trockenraum; 4 Waschküche; 5 Garage; 6 Fahrräder.

GRUNDRISS DES LADENGESCHOSSES

Stadtviertel mit einheitlich geschlossener Karreeumbauung ein Wohnblock freigestellt, um durch diese aufgelockerte Anlage gesündere Lebensbedingungen zu schaffen ... So darf man wohl mit diesem Wohnhochhaus den *Beginn einer zeitgemäßeren städtebaulichen Ordnung* in München datieren ... Was die Ruf'sche Lösung so unmittelbar ansprechend macht, beruht vor allem darauf, daß die Wohnungen trotz ihrer geringen Nutzfläche von 50–60 qm großzügig wirken, vor allem durch den großen Wohnraum, den die vom Boden bis zur Decke verglasten Fenster und Fenstertüren befreiend hell und luftig machen ...«

**Mensa der Technischen Universität,
1956–57, Arcisstraße 230
Architekten: Franz Hart und Günther Eckert**

**Erweiterung und Umbau, 1974–76
Bauamt der TU, Architekten Löwenhauser
und Heinz
Künstlerische Oberleitung Franz Hart**

Mensa,
Erdgeschoß und
Obergeschoß,
1957

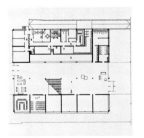
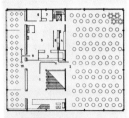

Der Entwurf der Mensa geht auf einen städtebaulichen Wettbewerb zurück, der im Jahre 1955 die Bebauung des Geländes zwischen Glyptothekgarten und Gabelsbergerstraße zum Thema hatte. Zu dem Problem, ein derartiges Bauwerk in Skelettstruktur in die klassizistische Bauumgebung einzufügen, schrieb der Architekt Franz Hart, dessen mit Günther Eckert vorgelegtes Projekt preisgekrönt worden war, rückblickend in der Jubiläumsschrift der TU 1968:

»Die eigentliche Krise des Mensaprojekts begann, als es dem staatlichen Baukunstausschuß zur Begutachtung vorgelegt wurde. Dieser hatte gegen den Baukörper als solchen nichts einzuwenden, lehnte aber die Fassadengestaltung als mit der klassizistischen Bauumgebung unvereinbar ab. Es wurde ein Dutzend von Fassadenvarianten ausgearbeitet mit allen möglichen Fensterteilungen und Materialkombinationen, und erst in der vierten Sitzung des Ausschusses einigte man sich auf einen Kompromiß, der den Architekten noch tragbar erschien: Die Außenflächen wurden statt in Sichtbeton als reliefierte Putzflächen ausgeführt; die Teilung der tragenden Hauptstützen wurde durch Einfügung von nicht tragenden Sekundärstützen halbiert. Heute versteht man kaum mehr, wieso die Mensafassaden seinerzeit die Gemüter in den Kunstausschüssen und in der Kritik der Presse so erre-

gen konnten; auf den unvoreingenommenen Betrachter wirken sie durchaus zahm, ja betont konservativ. Wie immer man die Architektur beurteilen mag, die Mensa darf für sich in Anspruch nehmen, daß sie von allen neueren Bauten, die rings um den Königsplatz entstanden sind, ihn am wenigsten beeinträchtigt. Gerade an dieser Stelle so niedrig, so leicht und durchsichtig wie möglich zu bauen, war den Architekten das wichtigste Anliegen; gehört doch die Rückfront der Glyptothek zu den delikatesten Schöpfungen des deutschen Klassizismus.«

Auch in ihrer erweiterten und umgebauten heutigen Gestalt ist die Mensa ein vorzügliches Beispiel für die Einfügung eines neuen, in der Sprache der eigenen Zeit formulierten Bauwerks in eine geschichtlich verpflichtende alte Umgebung. Der jetzt beinahe 100 m lange und 50 m breite Skelettbau wirkt zurückhaltend, er antwortet mit klaren, ruhigen Proportionen auf die stille Schönheit der Nordseite der Glyptothek, er harmoniert in dunkler Tönung mit der dichten, hochgewachsenen Vegetation des Glyptothekgartens – aber diese Zurückhaltung bekundet sich, frei von der Unterordnung des »Anpassens«, in einer durchaus selbstbewußten eigenen Gestalt.

oben: Mensa-Erweiterung,
1976
rechts: Mensa, 1957

Versorgungsamt München, 1955–57
Jetzt ein Dienstgebäude des Bayerischen
Staatsministeriums für Arbeit und Sozial-
ordnung
Architekten: Hans und Wassili Luckhardt

Die Brüder Luckhardt, die in den Zwanziger Jahren zur Avantgarde der Berliner Architekten gehörten (Versuchssiedlung Schorlemer Allee und Häuser am Rupenhorn), haben mit dem damaligen Landesversorgungsamt in München ihren wohl umfangreichsten Baukomplex errichtet. Der Entwurf für das Bauwerk stammt von Wassili Luckhardt, der das gemeinsame Architekturbüro auch nach dem Tode von Hans Luckhardt, 1954, unter dem Namen beider Brüder weiterführte.

Das sehr große Bauvolumen ist durch Gliederung und Gestaltung so leicht und transparent gehalten, daß es nicht als körperhafte Masse, sondern als über- und durchschaubare räumliche Komposition in Erscheinung tritt. Der lange dreigeschossige Haupttrakt steht auf mächtigen Pfeilern über vier, im rechten Winkel zu ihm angeordneten eingeschossigen Unterbauten, die in geräumigen Abständen parallel zueinander gereiht sind. Die Fassaden des Stahlbetonskelettbaus sind weitgehend in Glas aufgelöst; die Farbgebung in Weiß und hellem Rot steigert noch die lichte, heitere Helligkeit, die das Bauwerk ausstrahlt. Getrübt wird der Eindruck zur Zeit leider durch den schlechten baulichen Zustand, in dem es sich befindet, — aufgrund seiner bedeutenden architektonischen Qualität verdient das Bauwerk eine sorgfältige Sanierung.

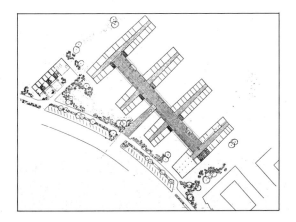

Institut für Technische Physik der Technischen Universität, 1956–59
Arcisstraße 21
Architekten: Josef Wiedemann und Franz Hart

Das schmale Grundstück längs der Gabelsbergerstraße/Ecke Luisenstraße, zwang die Architekten zu einer sehr konzentrierten Anordnung der Räume: an der Stirnseite des langgestreckten, symmetrischen Gebäudes die Eingangs- und Treppenhalle, mittig im Obergeschoß der große Hörsaal mit Belichtung über Sheddach, anschließend die künstlich beleuchtete, die ganze Höhe des Gebäudes einnehmende Experimentierhalle, an den Längsseiten nach außen einzelne Laboratorien.

Das Stahlbetonskelett ist mit gelbem Ziegelmauerwerk und Aluminium-Glas-Elementen ausgefacht. An der Stirnseite tritt die vom Boden bis zur Decke aufgeglaste Eingangshalle deutlich in Erscheinung, links und rechts flankiert von den geschlossenen Mauergefachen, die den Institutsräumen und Fluren entsprechen. Ein ruhiger, in den Proportionen sensibel ausgewogener Bau, der seine Bestimmung, der Forschung und der Lehre zu dienen, in sachlich-kühler Haltung zum Ausdruck bringt.

**Bürogebäude an der Königinstraße,
1963–65
Architekt: Hans Maurer, Mitarbeit Ernst
Denk**

Der Erweiterungsbau der Münchner Rückver-sicherungs-Gesellschaft ist aus einem Wettbe-werb hervorgegangen, in dessen Jury städtische und staatliche Bauverwaltung Mitspracherecht hatten, weil hier, unmittelbar am Englischen Garten, eine auch städtebaulich wichtige Ent-scheidung zu treffen war. Der mit dem 1. Preis ausgezeichnete Entwurf von Hans Maurer und seinem Mitarbeiter Ernst Denk hat den Baukör-per so situiert, daß der Englische Garten zur Stadt hin weit geöffnet bleibt und zwischen Park und Straße ein neuer, platzartiger, für die Öffentlichkeit zugänglicher Raum geschaffen wird.

Die drei Bürogeschosse des Stahlbeton-Skelett-Baus erheben sich über einem allseitig zurückgesetzten, verglasten Erdgeschoß, das die Eingangshalle und eine zentrale Datenverar-beitungsanlage enthält. Die Bürotrakte der Ober-geschosse sind mit den Räumen zum Englischen Garten und zur Königinstraße, mit den Fluren nach innen zu einem weiten Lichthof orientiert. Mit dem dunkelbraunen, nahezu schwarzen Farbton der vorgehängten Leichtmetall-Fassa-den und der ruhigen Gliederung der vertikalen und horizontalen Konstruktionselemente bildet das Gebäude einen harmonischen Kontrapunkt zur Vegetation der Umgebung.

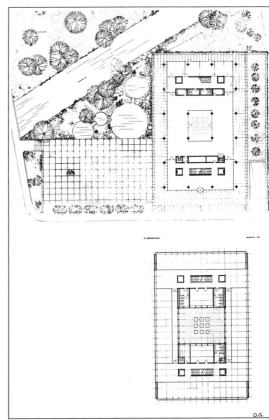

Paketposthalle, 1965–69
Arnulfstraße 62
Architekten: Rudolf Rosenfeld,
Herbert Zettel, Ulrich Finsterwalder,
Helmut Bomhard

Die von der Oberpostdirektion München geplante, von der Firma Dyckerhoff & Widmann ausgeführte Paketposthalle war zur Zeit ihrer Inbetriebnahme die weitestgespannte Halle der Welt aus Fertigteilen. Ihre Weite beträgt 148 m, ihre Länge 124 m, ihre Höhe 27,3 m. Das faltenförmig ausgebildete Bogentragwerk aus Stahlbeton ist zusammengesetzt aus 1600 völlig gleichen, fabrikmäßig hergestellten Betonfertigteilen; an Ort und Stelle eingebrachter Beton diente lediglich dazu, die montierten Teile zu einem monolithisch wirkenden Tragwerk zu verbinden.

In funktioneller, technischer und ökonomischer Hinsicht ist die Halle ein Meisterwerk der Ingenieurbaukunst. Ihre Gestalt ist logisch aus den betrieblichen Anforderungen und den konstruktiven Bedingungen entwickelt und mit denkbar geringem wirtschaftlichen Aufwand

realisiert worden. Die charakteristische Faltung des Betontragwerks ist nötig, um Stabilität auch unter extremen Wettereinflüssen zu gewährleisten: sie erzeugt eine »Ziehharmonika-Elastizität«, die allen Einwirkungen von Sonne, Regen, Schnee, Eis, Wetterstürzen federnd zu folgen vermag. Das Verhältnis der Gewölbeschalen-Dicke zum Gewölbe-Radius beträgt 1 : 375, das ist ein Fünftel der relativen Dicke der Schale eines Hühnereis, bei dem das entsprechende Verhältnis 1 : 75 beträgt. Zur ökonomischen Leistung nur einige Zahlen: für die fast 20 000 qm überdeckende Halle mit 1,1 Millionen cbm umbautem Raum waren 110 Millionen Mark veranschlagt, von denen 10 Millionen nicht ausgegeben werden brauchten.

**Projekt: Neubau der Bayerischen Staats-
kanzlei, 1968
Architekt: Uwe Kiessler**

1968 schrieb der Freistaat Bayern einen Wettbewerb für den Neubau der Bayerischen Staatskanzlei in Verbindung mit dem Prinz-Carl-Palais
aus. Die Aufgabe war, im Palais die repräsenta-
tiven Räume unterzubringen und einen Neubau
für etwa 170 Mitarbeiter zu entwerfen. Entsprechend der Empfehlung des Landesbau-
kunstausschusses und der Deutschen Akademie
für Städtebau und Landesplanung wurde das
Wettbewerbsprojekt des Architekten Uwe Kiessler 1969 von der Obersten Baubehörde zur Ausführung ausgewählt. Ende 1974 war die Planung
von allen zuständigen Behörden und Gremien
befürwortet, im Landtag genehmigt und nach
mehrfachen Programmänderungen ausführungs-
reif ausgearbeitet. Wenige Wochen vor Bau-
beginn stoppte Hans Koch, damaliger Leiter der
Obersten Baubehörde, völlig überraschend für
den Ministerpräsidenten und alle Beteiligten das
Projekt. Eine architektonische und städtebauliche
Chance ersten Ranges war damit für München
vertan.

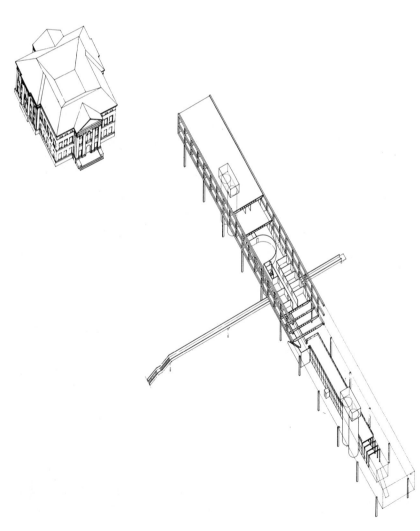

Maßgebend für Situierung und Gestaltung des Neubaus sind in Uwe Kiesslers Projekt die städtebaulichen, architektonischen und garten-architektonischen Elemente der klassizistischen Umgebung. Das Prinz-Carl-Palais und der Finanzgarten, beide durch Verkehrsplanungen der sechziger Jahre stark beeinträchtigt, sind in ihrem Eigenwert und ihrer städtebaulichen Funktion bestimmende Richtpunkte der Konzeption: das Palais wird als bedeutender historischer Baukörper in parkartiger Umgebung freigestellt, soweit dies in der durch die Verkehrsführung beengten Situation nur irgend möglich ist; der Finanzgarten wird erweitert und umgestaltet zu einem allseits offen zugänglichen Park, der die – einst von Friedrich Ludwig von Sckell so nachdrücklich gewünschte, heute mit dem Altstadt-Ring wohl unwiderruflich unter die Erde verlegte – Verbindung zwischen Hofgarten und Englischem Garten atmosphärisch und visuell verstärkt.

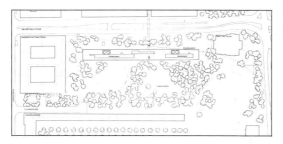

Der Neubau ist als schmales, langgestrecktes Gebäude in Stahlkonstruktion parallel zur Von-der-Tann-Straße unmittelbar südlich des nicht bebaubaren Straßentunnels geplant. Hohe Stützen im Erdgeschoß tragen die beiden aussenliegenden zweigeschossigen Vierendeel-Träger mit den zwischen sie gespannten Bürogeschossen. Hinter den durch Stützenreihen ge-

bildeten Arkaden liegen im Erdgeschoß ein für die Öffentlichkeit bestimmtes Café-Restaurant und die Eingangshalle zur Staatskanzlei. Die weitgehend verglasten Einbauten schirmen den Finanzgarten gegen den Lärm der Von-der-Tann-Straße ab und ermöglichen gleichzeitig ein optisches Durchfließen des Gartens unter dem Gebäude. Der Garten selbst wird als frei geformter Landschaftsgarten auf die größtmögliche Fläche erweitert, die Galeriestraße, die heute vor allem als Parkplatz dient, zu einer Anliegerstraße verschmälert. Ein auf dem Niveau des Finanzgarten-Hügels liegender Fußgängersteg über die Von-der-Tann-Straße stellt eine ungestörte Fußgängerverbindung zwischen der Stadt und dem östlichen Schwabing her, auf der Linie Hofgarten-Finanzgarten-Kaulbachstraße.

Verwaltungsgebäude des Süddeutschen Verlages, 1963–70, Färbergraben 23 Architekten: Herbert Groethuysen, Detlef Schreiber, Gernot Sachsse

Das Gebäude mußte in zwei Bauabschnitten ausgeführt werden, um im Wechsel von Altbau-Abbruch und Neubau jeweils so viel Raum zur Verfügung zu haben, daß die Verlagsarbeit ohne Unterbrechung während der Bauzeit fortgeführt werden konnte. Der Stahlbetonskelettbau mit einem Stützenraster von 7 × 7 m hat 9000 qm Nutzfläche; von den fünf Normalgeschossen sind drei als Bürogroßräume eingerichtet. Das Erdgeschoß ist an der Straßenfront hinter Arkaden zurückgezogen.

Da das Gebäude im Zentrum der Stadt einer starken Luftverschmutzung und einem hohen Lärmpegel ausgesetzt ist, wurde es fest verglast und klimatisiert. Die vorgehängte Fassade aus schwarz eloxiertem Aluminium und Glas bringt mit der kühlen Ordnung der vertikalen und horizontalen Elemente den sachlichen Charakter des Bauwerks prägnant zum Ausdruck. Inmitten der konfusen Unruhe seiner baulichen Umgebung strahlt das Verlagsgebäude Ruhe und Konzentration aus.

Erdgeschoß und Büro-
geschoß

**Flachbauten des Studentenviertels,
1961–72
Architekt: Werner Wirsing, Mitarbeiter
Hans Joachim Krietsch**

Mit den Flachbauten des Studentenviertels hat Werner Wirsing eine Wohnstruktur entwickelt, die Spielraum für die tätige Erfüllung persönlicher und geselliger Gestaltungsbedürfnisse bietet. Zur Konzeption dieser baulichen Wohnstruktur, die — angesicht der Fehlentwicklungen im sozialen Wohnungsbau — zweifellos nicht allein für studentisches Wohnen bedeutsam ist, und über die Erfahrungen, die im Studentenviertel mit der Wahrnehmung des Spielraums für eigene Gestaltung gemacht worden sind, hat der Architekt u.a. folgendes gesagt:

»Bei den Planungen für die niedere Bebauung ging es vor allem darum, der Massenhaftigkeit der großen Zahl durch kleingliedrige Ordnung und abwechslungsreiche Erschliessung zu begegnen ... *Jeder Student hat sein eigenes Haus*. Er erreicht es über kleinmaßstäblich dimensionierte Plätze und Gassen. Es wurde dabei auch damit gerechnet, daß von dieser Art der Erschließung stärkere Kommunikationsanreize ausgehen als etwa von Treppenhäusern, Aufzügen und Fluren in mehrgeschossigen Apartmenthäusern ... Ein enges Kostenlimit zwang zu Konsequenzen, Abmessungen und Ausführung betreffend. Es war naheliegend, einen einzigen Typ häufig zu wiederholen und damit Rationalisierung und Teilindustrialisierung zu ermöglichen. Die Einheit ist auf einem Achsmaß von 4,20/4,20 m aufgebaut, umfaßt 80 cbm umbauten Raumes und bietet 20,42 qm Wohnfläche ohne und 26,82 qm mit der kleinen Dachterrasse ... Die reinen Baukosten pro Apartment betrugen ca. DM 12 000, die Kosten pro cbm damit ca DM 150 ...

Als eine Möglichkeit, individuelles Wohngefühl zu fördern, wurde die Zugänglichkeit der eigenen Behausung direkt von außen angesehen. Daneben aber mußte es darauf ankommen, gewisse Spielräume für eigenes Dazutun und Verändern in und an dem Individualgehäuse anzubieten. Einen dieser Spielräume bedeutet im Inneren die Verteilung der Wohnfläche auf zwei Ebenen. Das entbindet etwas mehr vom Zwang einer Regelnutzung als mancher übliche einflächige Apartmenttyp, abgesehen davon, daß ein zweigeschossiger Raum mit verschieden hohen Bereichen an sich verspricht, stärker anzuregen und damit vielleicht das Raumgefühl des Bewohners weniger schnell abzunutzen.

Was das Außen betrifft, gibt es einen Spielraum für natürliches Begrünen, für Bepflanzen. Einmal bietet die Dachterrasse die Möglichkeit... Hinzu kommt ein Streifen natürlichen Bodens am Haus entlang, der einerseits den Gehbelag der Gasse wirkungsvoll entwässert, andererseits ziemlich viel Vegetation erlaubt. Neben Kletter- und Zierpflanzen auch Eßbares, wie Gewürzkräuter, Bohnen, Tomaten, ja sogar Spalierobst. Ein Minigarten von erstaunlicher Vegetationsbreite.

Ein weiterer Spielraum für das Außen ist der der Bemalung. Er wurde wie die anderen Möglichkeiten von Anfang an gesehen. Allerdings waren sich ein Teil der Bewohner, der Träger (das Studentenwerk) und auch der Architekt bewußt, daß ein maßloses Ausnutzen dieses Spielraums durch den einzelnen unzumutbares Diktat für die Nachbarn und die Allgemeinheit bedeuten kann. Man versuchte daher, sich auf einige einschränkende Bedingungen zu einigen, als deren wichtigste erschien, das kleine Haus nicht mit einem totalen Anstrich zu überziehen ...

Die Erfahrung der ersten Jahre Wohnens in den Flachbauten zeigt, daß die Spielräume zur individuellen Ergänzung und Veränderung des angebotenen baulichen Rahmens intensiv genutzt wurden, teils sensibel phantasievoll, teils ruppig unsensibel, teils originell, teils imitativ ... Der Gesamteindruck wird allgemein, trotz etlicher Überbeanspruchungen der Spielräume, als positiv, im Sinne studentischen Wohnens als unverwechselbar empfunden. In welchem Maße dies nun dem Architekten zuzuschreiben ist, der meint, er habe dafür die Voraussetzung geschaffen durch eine bauliche Struktur, die selbstgestalterische Bedürfnisse der Bewohner zu befriedigen erlaubt, auch ohne Gefährdung von »Architektur«, weil sie eben gar keine sein will, oder ob es sich die Bewohner zuschreiben, durch Eigeninitiative ein bauliches Konzept entscheidend verbessert und erst richtig bewohnbar gemacht zu haben, ist letztlich dabei wohl nicht so wichtig.«

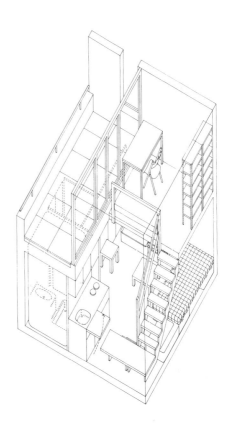

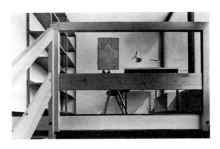

Bauten und Anlagen für die Olympischen Spiele, 1967—72

Entwurf der Gesamtanlage
Architekten Behnisch & Partner, Günter Behnisch, Fritz Auer, Winfried Büxel, Erhard Tränkner, Karlheinz Weber und Jürgen Joedicke

Landschaftsarchitektur
Günther Grzimek mit Behnisch & Partner

Planung der Hauptsportstätten
Behnisch & Partner

Überdachung des Hauptsportstätten-bereiches, Architekten und Ingenieure: Behnisch & Partner
Frei Otto und Leonhard+Andrä

Pierre de Coubertin hat bereits 1912 auf die städtebauliche Bedeutung olympischer Sportanlagen hingewiesen. Er forderte Architekten und Stadtbehörden auf, die für die Olympischen Spiele nötigen Bauten und Anlagen so zu planen und zu gestalten, daß sie über das temporäre Ereignis hinaus eine dauerhafte neue Komponente der Stadt darstellen. Diese Chance, die einer Stadt mit der Ausrichtung Olympischer Spiele geboten wird, ist in München voll genutzt worden.

Mit dem Olympiapark hat München eine Architektur-Landschaft erhalten, die den historischen großen Parkräumen des Englischen Gartens und des Nymphenburger Parks ein weiteres, natürliche und architektonische Strukturen in neuer Weise verbindendes Park-Element hinzufügt.

Die Olympiabauten sind technisch geprägt, aber ihre Technik steht nicht im Widerspruch zur Natur, sondern sucht die Begegnung mit ihr. Der Kräfteverlauf zwischen den emporgespannten Masten und den an sie gehängten Zelt-Dach-Flächen ist so deutlich einsehbar, daß die Konstruktion in ihrer Ablesbarkeit unmittelbar verständlich und »natürlich« wirkt. Der zeitlose Charakter des schützenden Zeltes trägt dazu bei, Empfindungen des Vertrauens und der Geborgenheit zu wecken und trotz der gewaltigen Dimensionen den menschlichen Maßstab zu wahren. In den offenen Kurven des Grundrisses und in ihrer differenziert gestuften Höhenentwicklung ist die Zelt-Dach-Konstruktion ständig bezogen auf die Modellierung der Parklandschaft, die auch ihrerseits die Begegnung mit dieser Architektur sucht: Der Landschaftsgarten des Olympiaparks ist, ganz im Sinne von Sckells »Bildender Gartenkunst«, eine auf Mensch und Menschenwerk bezogene »künstliche Natur«. Die Idee »Architektur-Landschaft« ist im Olympiapark in seltener Vollkommenheit konkrete Gestalt geworden.

Die Gliederung des Geländes durch Hügel, Wälle, Hänge, das erhöhte, zu einem künstlichen See abfallende Plateau, die muldenförmige Einbettung der Arenen korrespondieren mit architektonischen Strukturen, die den Raum nicht durch Ausgrenzung der Natur, sondern durch die Verbindung mit ihr bilden. Die räumliche Durchdringung von Innen und Außen, von Geborgenheit und Freiheit, erzeugt eine zwanglose, gelöste, heitere Atmosphäre, die sich den Menschen sinnenhaft unmittelbar mitteilt.

Ausstellungsbau am Haus der Kunst
Architekt: Paolo Nestler, 1972

Im Zusammenhang mit den Olympischen Spielen wurde die Ausstellung »Weltkulturen und moderne Kunst« veranstaltet, die den Einflüssen der verschiedenen Kulturen der Welt auf die abendländische Kunst der Neuzeit nachging. Mit ihrer Gestaltung – Architektur und Präsentation – war der Architekt Paolo Nestler beauftragt.

Als Ausstellungsort schien das Haus der Kunst geeignet; da dort aber zum gleichen Anlaß bereits eine andere Ausstellung geplant war, entschloß man sich zu einem zweistöckigen, provisorischen Anbau an der Nordseite dieses Monumentalgebäudes, als Überbauung seiner Nordterrasse zum Englischen Garten. Bedingung für die Genehmigung war, daß die Bauteile des Hauses der Kunst in keiner Weise beschädigt werden durften.

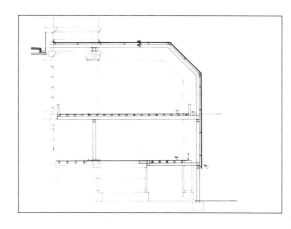

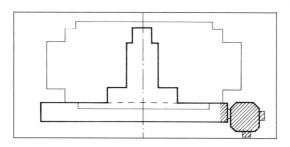

Grundriß Haus der Kunst
mit temporärem Aus-
stellungsbau

Paolo Nestler hat einen Stahlbau aus zusammengeschraubten Stahlprofilen errichtet, mit Drahtglas verglast: Eine transparente Hülle, die sich an den Monumentalbau »anlehnt«, die Terrasse überdeckt und eine Ausstellungsfläche von etwa 5000 qm bietet, eingeschlossen den Mittelsaal des Hauses der Kunst, der den Anbau mit dem Eingang an der Prinzregentenstraße verbindet. Für Musikvorführungen wurde am westlichen Ende des Anbaus ein achteckiges »Klangzentrum« errichtet.

Der provisorische, demontable Anbau ist – mit den Worten des Architekten – konzipiert »als Antithese zum ›Großtempel‹«, als »ein Sinnbild des Flüchtigen, Veränderbaren, des die Konstruktion in einfachster Weise Herzeigenden«. Lichte Leichtigkeit ist gegen ungetüme Steinmasse gesetzt. Um den Eindruck des Lichten und Flüchtigen noch zu betonen, wurden alle Teile weiß gestrichen.

Palmenhaus des Botanischen Gartens, 1974
Landbauamt München (Bearbeitung: Liedl, Preisinger, Hastreiter)

Das neue Palmenhaus im Botanischen Garten ist ein Beispiel schöpferischer Denkmalspflege: das baufällig gewordene Palmenhaus aus der Zeit um 1910 wurde durch eine Rekonstruktion ersetzt, die das schöne alte Bauwerk in seiner Form bewahrt, es aber zugleich mit Hilfe von Materialien und technischen Mitteln, die damals noch nicht zur Verfügung standen, konstruktiv verbessert und im ästhetischen Ausdruck steigert.

Die alte, verrostende Eisenkonstruktion mit den zum Teil in Holzsprossen gefaßten Glasflächen wurde durch eine reine Stahl-Glas-Konstruktion ersetzt. Die höhere Qualität des feuerverzinkten Stahles erlaubte es, die Querschnitte von Stützen, Trägern und Rahmen wesentlich schlanker zu bemessen, so daß der Bau eine lichte Transparenz und grazile Leichtigkeit erhielt, wie sie in Form und Charakter des alten

Palmenhauses angelegt war, aber damals nicht in derart hohem Grade zum Ausdruck gebracht werden konnte.

Zusätzlich verstärkt wurde die Fülle des Lichtes durch die Fundierung der Stahl-Glas-Konstruktion unmittelbar im Boden; damit erübrigten sich die vorhandenen Stützmauern und konnten beseitigt werden. Daß mit dieser schöpferischen Rekonstruktion auch eine botanisch-funktionale Verbesserung bewirkt wurde, zeigt die Reaktion der Bewohner des Palmenhauses: sie gedeihen und wachsen besser als je zuvor.

Voliere im Tierpark Hellabrunn, 1980
Architekt: Jörg Gribl
Beratung: Frei Otto
Konstruktion: Ted Happold mit Michael Dickson

Im Rahmen der langfristigen Neugestaltung des Tierparks Hellabrunn, die eine möglichst naturnahe Tierhaltung in einem Landschaftsgarten anstrebt, ist über einem etwa 50 × 100 m großen Areal eine für die Besucher begehbare Voliere errichtet worden, deren Stahlnetz von zehn bis zu 22 m hohen Masten getragen wird.

Der Architekt hatte die Aufgabe, für größere Vögel wie Ibisse, Reiher, Sichler und Löffler

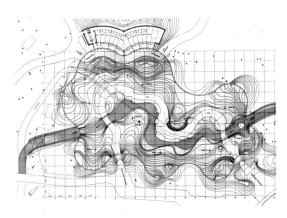

bessere und freiere Lebensbedingungen als in den üblichen Einzelkäfigen zu schaffen und einen Flugraum zu bilden, der dem Flugverhalten der Vögel entspricht; zugleich sollte die Voliere so gestaltet sein, daß sie sich gut in die Parklandschaft einfügt.

Die Entwurfsidee, das raumbegrenzende Volierengitter zugleich auch konstruktiv zu nutzen, hat der Architekt Jörg Gribl in Zusammenarbeit mit Frei Otto und Ted Happold realisiert. Aus serienmäßigen Wellgitterbahnen, die maximal in einer Breite von 2,50 m und einer Länge von 40 m herstellbar sind, wurde ein einziges Netz von über 6400 qm zusammengeschweißt; durch das Hochziehen des Netzes an den Masten in die vorgesehene Höhe wurden die ursprünglich quadratischen Maschen rautenförmig verändert, besonders stark in den vertikalen Randbereichen; erst diese Winkelveränderung

der sich kreuzenden Drähte ermöglicht das Entstehen der rundgeschwungenen hyperbolischen Raumformen.

Das Terrain wurde mit Baumgruppen und Staudenfeldern gegliedert, um den etwa 200 Tieren ein »Biotop« einzurichten, Bäume für die Kolonienbrüter, Plätze zum Balzen und Nisten, zum Sandbaden und zum Fischen in dem hindurchgeführten Bach; die Besucher betreten die Voliere durch eine Schleuse und folgen dem Wasserlauf. Das leichte, in unterschiedliche Höhen hinaufgespannte Netz begrenzt den Luft- und Landschaftsraum so transparent, daß er mit der parkartigen Umgebung eine visuelle Einheit bildet.

**Erdefunkstelle Raisting, 1963–1981
Architekt: Hans Maurer, in Zusammenarbeit mit der Siemens AG**

Raisting liegt nicht in München, doch als technische Anlage in einer Landschaft, die von den Münchnern mit einigem Recht auch als ihre Landschaft angesehen (und auf der Olympiastraße oft durchfahren) wird, darf die Erdefunkstelle Raisting, südlich des Ammersees, als bemerkenswertes Beispiel für ein gelungenes Miteinander von Natur und Technik wohl einbezogen werden in eine Ausstellung Münchner Architektur.

Dem Architekten war von der Deutschen Bundespost die Aufgabe gestellt worden, eine weitläufige Satellitenfunkstelle mit ihren großen Parabolspiegeln in einer bäuerlich genutzten Landschaft so zu gestalten, daß sie einerseits die Natur nicht entstellt oder zerstört, andererseits aber als technisch-funktionale Anlage durchaus in ihrer charakteristischen Eigenart in Erscheinung tritt. Hans Maurer hat die Aufgabe gelöst, indem er das Selbstverständlichste, ja »Natürlichste« tat, was hier zu tun ist: Technisches als Technik inmitten der Natürlichkeit einer mit äußerster Rücksicht geschonten und geachteten Natur zu zeigen. Die Natur wurde nicht weggeräumt, nicht durch Mauern, Gräben, Zäune ausgesperrt, nicht durch Gebäude-

massierung, Straßenpisten, Parkflächenbeton verletzt, sondern sie wurde belassen, wie sie war, bis unmittelbar an den Fuß der großen Geräte heran, um die niedrigen, einfachen, unaufdringlichen Gebäude herum, zu Seiten der schmalen, gewundenen Wegstraßen, zusammenwachsend mit den kleinen, dezentralisierten Parkplätzen. Hier stellt die Technik nicht einen fatalen Anspruch der Herrschaft über die Natur zur Schau, sondern zeigt sich in ihr als ein Erzeugnis des Naturwesens Mensch: intelligentes Gerät in einer schönen Landschaft.

Josef-Effner-Gymnasium in Dachau
1973–74

Architekten: Behnisch & Partner, Günter Behnisch, Fritz Auer, Winfried Büxel, Manfred Sabatke, Erhard Tränkner, Karl-heinz Weber

In einem Vortrag, den er Anfang 1981 in München gehalten hat, sagte Günter Behnisch: »Architekten planen Groß-Schulanlagen, die sich vor allem dadurch auszeichnen, daß sie wohlorganisiert, perfekt und unerbittlich erscheinen. Dabei ist gerade das Perfekte und Wohlorganisierte sicher das Letzte, was ein Kind in diesem Alter ertragen kann, in dem es seine eigene Unvollkommenheit, seine Mängel immer wieder schmerzlich erfährt; einem Kind, das sich selbst noch nicht ordnen kann, stellt man ein Haus gegenüber, dem der Anspruch perfekter Apparate zu eigen ist. Welch eine falsche Meinung von Architektur! ... Zu unseren Idealen gehört es, daß der Mensch tendenziell frei, das heißt: nicht vorwiegend fremdbestimmt ist, damit er — im Gegenüber mit seiner Welt und seinem Gewissen — sich selbst, seine Identität und letztlich seine Ich-Integrität finden kann. Das heißt für unser Beispiel: Plane dem Heranwachsenden eine Welt, in der *er* sich wiederfinden kann, in der er *sich* und *seinen* Platz in der Gesellschaft finden kann. Es ist nicht unsere Aufgabe, eine perfekte Welt zu planen... Auch in der Architektur müssen wir unsere Unvollkommenheit eingestehen und sie gegenüber der Perfektion der Apparate als Qualität verteidigen.«

Das vielgliedrige, durchsichtig-offene, im Wechsel von großen und kleinen, rechteckigen und polygonalen Räumen erlebnisreiche Gehäuse des Josef-Effner-Gymnasiums, das Behnisch und seine Partner 1974 in Dachau bei München gebaut haben, bietet Schülern und Lehrern so viel Freiraum für eigene Initiativen, wie dies im Rahmen einer Schule nur möglich ist. Die durch sämtliche Geschosse führende weite, offene Halle ist der Sammel- und Bezugsort für alle Raumgruppierungen, über »familiäre« Vorräume sind jeweils fünf bis sieben Klassenräume mit der Halle verbunden. Teilweise verglaste Trennwände und raumhohe, mit Markisen regulierbare Fenster schaffen eine Fülle verschieden-

artiger Sichtbeziehungen sowohl im Inneren als auch von innen nach außen, — das Leben in der Schule vollzieht sich nicht in einer perfekt überschaubaren Totale, sondern in einem differenziert übersichtlichen Beziehungsfeld.

In der architektonischen Gestalt dieser Schule sind soziale Gemeinsamkeit und individuelle Entfaltung, wache Aufgeschlossenheit und beschirmte Geborgenheit, Aktivität und Konzentration als pädagogische Leitgedanken realisiert und zum Ausdruck gebracht worden.

Verwaltungsgebäude im Tucherpark, 1970—76, Sederanger 4—6 Architekt: Uwe Kiessler in Zusammenarbeit mit Florian Wisiol und Friedrich Herr, Vera Ilic, Hermann Schultz

Auf dem Gelände der ehemaligen Tivoli-Mühle unmittelbar am Englischen Garten entstand der Tucherpark, ein durchgrüntes Baugebiet mit Verwaltungsgebäuden, Rechenzentren, einem Hotel und ausgedehnten Sportanlagen. Im nördlichen Teil dieses Parks hat die Bayerische Rückversicherung ihr Verwaltungsgebäude errichtet.

Das viergeschossige Hauptgebäude setzt sich aus drei zylindrischen Baukörpern mit je 20 m Durchmesser zusammen; die frei gespannten Decken liegen auf Randstützen auf. Das freistehende, als Hängekonstruktion ausgeführte Casino-Gebäude hat ebenfalls einen kreisförmigen Grundriß; beide Gebäude sind durch drei Untergeschosse miteinander verbunden. Die Kreisflächen des Verwaltungsteils wie auch die des Casinos werden jeweils von einem zentral angeordneten Verkehrs- und Versorgungskern aus erschlossen, der mit seinen Treppenhaus-, Aufzugs- und Installations-Schachtwänden auch die Aussteifung des Gebäudes gegen Windlasten übernimmt.

Für die Tragkonstruktion der Geschoßdecken wurde eine Trägerrost-Konstruktion gewählt. Maßgebend für die Ausbildung der Deckenkonstruktion und -installation und auch der

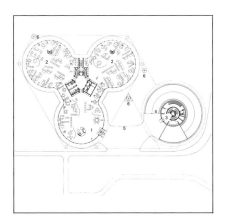

Montagedecke war die Forderung nach voller Flexibilität des Kreisgrundrisses vom Groß- über den Gruppen- zum Einzelraum.

Eine vorgehängte, natureloxierte Aluminiumfassade mit fester Verglasung bildet die Außenhaut der Gebäude. Für Sonnenschutz, Fluchtmöglichkeit und Reinigung erhielt sie außen umlaufende Balkone.

Bei der Ausgestaltung der Arbeitsräume kam die Bayerische Rückversicherung in Abwägung

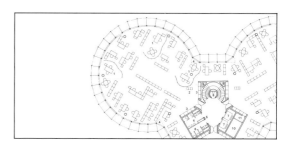

der Vor- und Nachteile des Großraumbüros zu dem Ergebnis, daß in einem Gebäude mit 300 Arbeitsplätzen der »kleine Großraum« die sinnvollste Lösung ist. In den runden Räumen reduzieren bewegliche, schallschluckende Paravents die durch den kreisförmigen Grundriß bedingte Brennpunktbildung. Sämtliche Mitarbeiter haben Arbeitsplätze mit Tageslicht und freiem

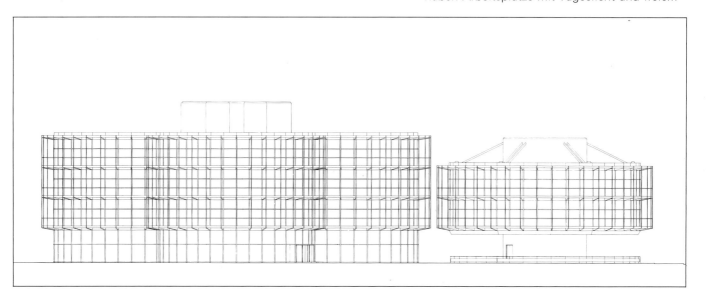

Ausblick in die das Haus umgebende Parklandschaft.

In seiner architektonischen Gestalt, die durch feingliedrige Leichtigkeit und transparente Offenheit gekennzeichnet ist, bekundet das Gebäude, daß sachliche, wirtschaftlich orientierte Arbeit mit menschlicher Freizügigkeit in Einklang gebracht werden kann. Wenn Arbeit als eine notwendige Komponente der Qualität des Lebens

verstanden wird, und der Raum der Arbeit folglich als Komponente des Lebensraums gestaltet ist, zeugt dies von dem Selbstverständnis eines Unternehmens, das sich nicht nur wirtschaftlichen, sondern auch gesellschaftlichen Aufgaben verpflichtet fühlt.

Beschützende Werkstätte für behinderte Jugendliche
1. Bauabschnitt 1971–73, 2. Bauabschnitt 1977–78, Garmischer Straße
Architekten: H. v. Werz, J. C. Ottow, E. Bachmann, M. Marx

Die beschützende Werkstätte bietet geistig behinderten Jugendlichen Ausbildungsplätze und, soweit sie nicht nach ihrer Ausbildung in die freie Wirtschaft vermittelt werden können, auch Dauerarbeitsplätze. Ziel der Ausbildung ist die Befähigung zu einer produktiven Tätigkeit, die nicht nur eine Existenzgrundlage sondern auch Selbstwertbewußtsein schafft. Der sozialen Eingliederung in die Arbeitsgruppe kommt besondere Bedeutung zu.

Mit dem – vom Verein »Lebenshilfe für das geistig behinderte Kind e.V.« getragenen – Gebäude sollte eine Arbeits- und Lehrstätte geschaffen werden, in der Raumordnung und Einrichtung gemäß wechselnden Anforderungen disponibel bleiben. Der Stahlbetonskelett-Bau hat in seinen 4 Geschossen (einschließlich Unter- und Dachterrassengeschoß) frei einteilbare, 43 × 49 m weite Hallenflächen mit zen-

Erdgeschoß

traler Verkehrsvertikale und allseitig umlaufendem Fensterband. Die Hallenflächen sind in Funktionszonen für Arbeit, Unterricht, Gymnastik, Soziales, Ernährung etc. gegliedert; zusätzlich ist im Untergeschoß ein Schwimmbad eingerichtet. Die vorgehängte Fassade besteht aus Profilitglas, bzw. aus Stahlrahmenwerk mit Befensterung, an den auskragenden Betonbalken ist ein Fluchtbalkon mit außen angestellten Fluchttreppen in Stahlkonstruktion angehängt.

Die architektonische Gestaltung sowohl im Inneren als auch im adäquaten Äußeren ist durch eine ruhige, natürliche, in Proportionen und Dimensionen auf das Maß des Menschen abgestimmte Sachlichkeit gekennzeichnet, die ohne falsche Töne der Arbeitswelt, in die die behinderten Jugendlichen hineinwachsen, gerecht wird.

**Einfamilienhaus in Großhesselohe, 1970—75
Immergrünstraße 5
Architekt: Adolf Schröter**

Zur Planung, Gestaltung und Ausführung dieses Hauses, das er für die eigene Familie gebaut hat, sagt der Architekt u. a. folgendes:

»Der Wunsch nach Wohnen in freiem Grundriß, die Entwicklung einer neuen Variante zu Leichtbauweisen von Wohnhäusern und die Verwirklichung einer aktuellen Heizungsalternative haben im wesentlichen den Entwurf bestimmt. Dabei alle realistischen Möglichkeiten zu optimieren, sie bis in die Ausführung jedes Details zu verfolgen und in das Ganze sinnvoll einzufügen, war mein besonderes Anliegen.

Das allgemeine Raumprogramm Wohnen, Arbeiten, Schlafen, Erholen ist nicht im Sinne von abgeschlossenen Räumen verstanden worden, sondern in Form von Lebensbereichen, die fließend auch räumlich sichtbar und erlebbar ineinander übergehen. Ein abgestuftes Verhältnis

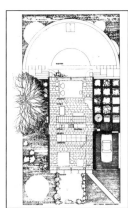

Erdgeschoß

Obergeschoß

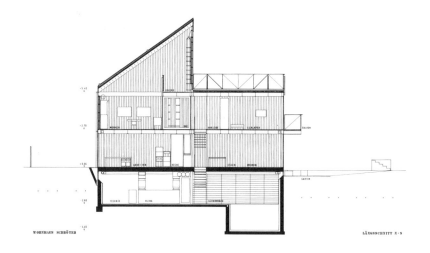

WOHNHAUS SCHRÖTER   LÄNGSCHNITT N·S

zwischen öffentlichen und privaten Bereichen ermöglicht eine Vielzahl horizontaler und vertikaler Verbindungen, deren Kombinationen durch eine zentrale Verkehrserschließung erleichtert werden, die wiederum eine enge Verbindung zu den Außenbereichen besitzt.

Der Grundriß ist aus zwei Nutzungsbereichen in zwei Ebenen entwickelt, jeweils zweimal 7 × 7 m. Die Entwicklung des Aufrisses war — in einem reinen Wohngebiet mit Villencharakter — durch Bindungen zur Nachbarbebauung so festgelegt, daß bei der Schmalheit des Grundstücks nur durch Weglassen einer Satteldachhälfte Vorteile für die Belichtung gewonnen werden konnten.

Besonnung und Sonnenschutz, Wärmeisolierung und Bepflanzung sorgen in Verbindung mit einer Wärmepumpenheizung für eine wirtschaftliche Klimatisierung.

Wichtige Kriterien für die Wahl der Materialien Metall, Glas und Holz waren: Einheit der Oberfläche außen und innen, Beschränkung auf wenige Materialien in ästhetischer und konstruktiver Hinsicht und die Ausnutzung möglichst vieler Eigenschaften eines Materials.

Zur Konstruktion: Das statische Gerüst des Hauses ist ein Stahlskelettbau, dessen Stützen und Träger in Profilstahl mit Diagonalaussteifungen in drei Ebenen in Montagebauweise ausgeführt wurden. Geschoßdecken und Dachflächen sind in Form eines industriellen Fertigproduktes (Leichtbausystem) ebenfalls in Montagebauweise erstellt worden.«

**Bauvorhaben: Wohngebäude in Nymphenburg, 1977, bislang nicht genehmigt
Architekten: Peter C. von Seidlein, Horst Fischer**

Dieses bisher nicht gebaute, weil nicht genehmigte Wohngebäude ist ein Beispiel dafür, wie schwierig es heute sein kann, ein neues Bauwerk in einer alten — oder auch nur etwas älteren — Umgebung zu errichten. Das Gebäude ist als Anbau an der Brandmauer eines Wohngebäudes aus dem Jahre 1912 geplant, dem es sich in Höhe und Tiefe angleicht. Es ist ein Skelettbau mit einer Metall-Glas-Fassade, deren Metall-Elemente dunkel getönt sind. Kühl und streng, ruhig und konzentriert bekundet es eine selbstbewußte architektonische Haltung, die frei ist von jeglicher formal-expressiven Geste. Das Gebäude drängt sich nicht vor, sondern hält

Dachgeschoß

2. Obergeschoß

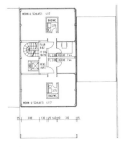

1. Obergeschoß

Erdgeschoß

Fotomontage des
Projektes

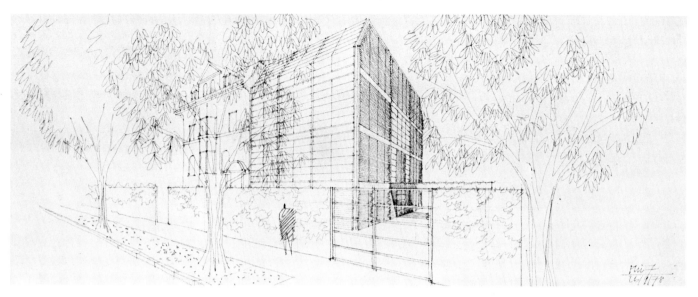

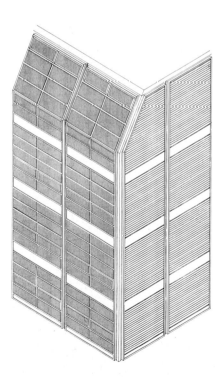

sich zurück, es verzichtet, fern von den Konventionen des Geschmacks, auf Glanz und Repräsentation zugunsten des Charakters seiner architektonischen Existenz. Damit fällt es freilich aus dem Rahmen seiner Umgebung.

Wegen »Verunstaltung durch mangelhafte Anpassung an die Umgebung« wird dem Architekten Peter C. von Seidlein (er ist, was in diesem Zusammenhang erwähnenswert erscheint, ordentlicher Professor für Baukonstruktion und Entwerfen) von der Lokalbaukommission München und der Regierung von Oberbayern die Genehmigung verweigert, dieses Wohngebäude auf einem ihm gehörenden Grundstück für seine Familie zu errichten. Und dies, obwohl die Münchner Stadtgestaltungskommission, in der auch die Regierung von Oberbayern und das Landesamt für Denkmalpflege vertreten sind, das Projekt einstimmig befürwortet hat. Die vor der »Verunstaltung« zu bewahrende Umgebung, 1979 als »Ensemble Neuwittelsbach« unter Denkmalschutz gestellt, besteht aus Wohngebäuden höchst unterschiedlicher Qualität; etwa die Hälfte stammt aus der Zeit um die Jahrhundertwende, alle vor 1914 gebauten Häuser, auch die architektonisch völlig belanglosen, stehen jedes für sich als »Baudenkmal« unter Denkmalschutz.

In einer Umgebung, in der die behördliche Heiligsprechung historischen Mittelmaßes als Gesetz gilt, wird zeitgemäßes Bauen freilich zum Sakrileg. Für das Urteil hat die Regierung von Oberbayern große Sorgfalt aufgewandt: nach zwei von ihr angeforderten Gutachten des Landesamtes für Denkmalpflege, die nicht hinreichten, ließ sie ein drittes Gutachten dieses Amtes erstellen, das sich als geeignet erwies, um die definitive Ablehnung des Bauvorhabens zu untermauern. Der Architekt hat Klage erhoben.

Wohnanlage in Schwabing, 1970–76
Architekten: Steidle + Partner

1. Bauabschnitt, Genter Straße 13, 1970–71
   Otto Steidle, Ralph und Doris Thut, Jens
   Freiberg

2. Bauabschnitt, Peter-Paul-Althaus-Straße 9,
   1971–74, Otto Steidle, Eckhardt Böck,
   Patrick Deby, Gerhard Niese

3. Bauabschnitt, Osterwaldstraße 69, 1974–76
   Otto Steidle, Roland Sommerer, Jens Freiberg

Mit dieser Wohnanlage am Rande des Englischen Gartens, die in mehreren Bauabschnitten auf verschiedenen, einander benachbarten Grundstücken gebaut wurde und weiter ausgebaut werden soll, verfolgen Otto Steidle und seine Partner das Ziel, den Handlungsspielraum des Einzelnen und der Gemeinschaft in der Gestaltung des Lebensraumes Wohnung zu vergrößern. Die künftigen Bewohner werden bereits in der Planungsphase an der Ausarbeitung des Projektes beteiligt; Entwurf und Gestaltung der in Reihen und Gruppen zusammengefaßten Wohnhäuser vollziehen sich in einem partizipatorischen Prozeß.

Der Freiraum für die Mitwirkung der Bewohner gemäß ihren individuellen Bedürfnissen und Wünschen ist bestimmt und begrenzt durch eine von den Architekten vorgegebene nutzungsneutrale Konstruktion, durch ein tragendes

Bauabschnitt Genter
Straße

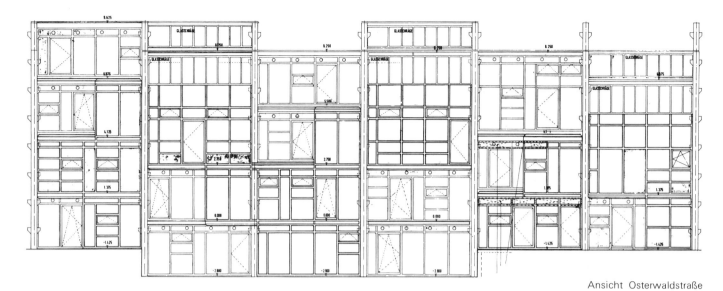

Ansicht Osterwaldstraße

Innenraum Genter Straße

Bauabschnitt Peter-Paul-
Althaus-Straße

Dachgeschoß

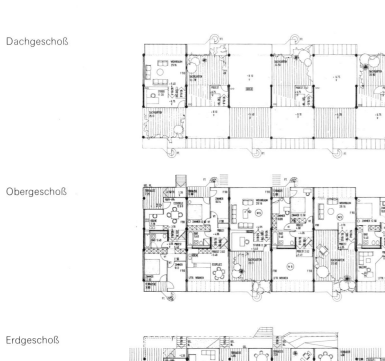

Obergeschoß

Erdgeschoß

Untergeschoß

Gerüst, das Umfang und Größe der Haus-Kompartimente festlegt. Innerhalb dieses Konstruktions-Gerüstes können die Bewohner nicht nur über die Anordnung und Unterteilung von Flächen, sondern über die Disposition des gesamten räumlichen Volumens entscheiden. So entstehen in einem nutzungsneutralen Rahmen gemäß den Vorstellungen der Bewohner sehr verschiedenartige Wohnhaus-Innenräume, die nach außen in der entsprechenden Verschiedenartigkeit der Fassaden in Erscheinung treten. Auch nach dem Einzug der Bewohner bleibt die Veränderbarkeit des Ausbaus erhalten, das Wohnen kann den Veränderungen im Leben der Familien räumlich adaptiert werden.

Die Trennung von statischer Konstruktion und räumlichem Ausbau ermöglicht individuelle Freizügigkeit in einer gemeinschaftlich akzeptierten Ordnung; beide, Freizügigkeit und Ordnung, prägen den Charakter der architektonischen Gestalt.

Als vielfältig verwendbare Tragkonstruktion benutzen Otto Steidle und seine Partner eine Stahlbetonkonstruktion, für die sie auch vorgefertigte Elemente von Hallen- und Kranbahnkonstruktionen industrieller Herstellungsweise übernahmen. Für den Ausbau werden serienmäßige Gipskartonwände, Stahlprofile mit Füllung – Glas, bzw. Paneele – sowie Aluminiumtrapezbleche verwendet.

Die Wohnanlage ist ein überzeugendes Beispiel dafür, wie bestimmte Ziele und Absichten – in diesem Falle die Steigerung der Wohnqualität durch Gestaltungsspielraum und Veränderbarkeit – zu neuen konstruktiven Lösungen und zu einer neuen architektonischen Gestalt führen.

**Wohnhaus für 6 Familien in Alt-Perlach, 1975–78, Neubiberger Straße 28–30
Architekten: D. & R. Thut**

Konzept und Ausführung dieses 6-Familien-Reihenhauses, das in Sichtweite der Trabantenstadt Neu-Perlach demonstriert, wie mit relativ geringen materiellen und finanziellen Mitteln eine sehr hohe Wohnqualität erreicht werden kann, erläutern die Architekten folgendermaßen:

»Ausgangspunkt war die Fragestellung, inwieweit Bedürfnisse des Bewohners (d.h. subjektive Strukturen) in den Planungsprozeß einfließen können und inwieweit der Interpretationsspielraum in der formalen Gestaltung bei der Anwendung von vorgefertigten Bauteilen erhalten bleibt.

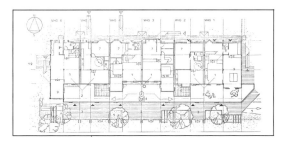

Erdgeschoß

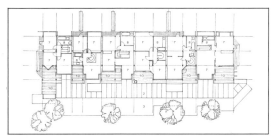

Obergeschoß

Dem Wohnexperiment liegt folgende Gebäudestruktur zugrunde: Autarke Wohnungen sind im Bereich der Küchen und Familienräume durch ein im Süden vorgelagertes Glashaus verbunden; das Glashaus wird von den einzelnen Wohnungen aus bewirtschaftet, dient gleichzeitig als interner Erschließungsweg. Im Gegensatz zu dieser Öffnung zur Gemeinschaft im Erdgeschoß ist das Obergeschoß der individuelle Rückzugsbereich mit privater, sichtgeschützter Terrasse; um die Individualität auch innerhalb der einzelnen Wohnungen zu betonen sowie im Hinblick auf die Bedürfnisse der Jugendlichen, ist das Obergeschoß auch direkt über eine Außentreppe je Wohnung zu erreichen.

Das Partizipationsmodell ging von dem Gedanken aus, daß ein flexibles und einfaches bautechnisches Konzept den notwendigen Rahmen für die individuelle Gestaltung der einzelnen Wohnungen bildet. Dieses Konzept lag in Form eines Standardbuches mit Darstellungen der Konstruktion und möglichen Materialien sowie Kostenangaben zu Beginn der Planung vor. Dazu verfaßte jeder Bewohner ein sogenanntes Regiebuch, in welchem er sein Verhältnis zum Wohnen formulieren konnte. In einer dritten Planungsphase wurde versucht, Bedürfnisse und Träume mit den vorhandenen Gegebenheiten wie Grundstück, Bautechnik, Baukosten sowie dem Budget der Beteiligten zu verbinden.

Das Selbstbauen hat einen Prozeß der aktiven und kreativen Auseinandersetzung eingeleitet und dem zukünftigen Bewohner eine Beziehung zu seinem Haus vermittelt, welche sich über den bloßen Kauf eines Hauses nicht einstellt.

Die Bautechnik — ausgerichtet auf Selbstbau und niedrige Baukosten — ist gekennzeichnet durch: Verwendung von am Baumarkt vorhandenen Materialien ohne Zwischenveredelung; einfache Verbindungstechniken; mit Handwerkzeugen gut bearbeitbare und leicht montierbare Materialien; große Flexibilität. Das Tragwerk des Gebäudes besteht aus einer Holzskelettkonstruktion. Alle Wände und Fassaden sind in Leichtbauweise ausgeführt.

Mit dem Rückgriff auf billige Materialien und einfachste Konstruktionen konnten die Baukosten um 40 bis 50% des damals üblichen Kubikmeterpreises gesenkt werden; Baukosten pro Kubikmeter: DM 165,— incl. vergüteter Eigenleistung.«

Zum Energiekonzept:
Eine konventionelle zentrale Heizung mit Gasfeuerung wird ergänzt durch die Kombination von passiver und aktiver Nutzung der Sonnen-

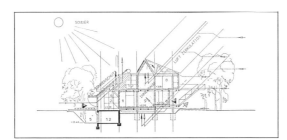

energie. Die weitgehend natürliche Klimatisierung des Gebäudes durch freie Konvektion, sowohl für den Sommer- als auch für den Winterbetrieb, entlastet den Energieaufwand ganz entscheidend ...

Im Sommer wird die Südseite durch den Sonnenschutz des Glashauses beschattet. Wärme aus dem Glashaus entweicht durch die Klappen im First; Warmluft aus den Wohnungen wird in den offenen Dachraum geleitet und kühle Luft kann durch Bodenklappen aus dem auch im Sommer nicht erwärmten Raum unter dem Haus einströmen.

Im Winter wirkt das Glashaus als Wärmepuffer mit Temperaturunterschieden zur Außentemperatur von 4 bis 20ºC je nach Sonneneinstrahlung und Lufttemperatur. Dachraum und der Raum unter dem Haus werden mit Klappen und Autoplanen geschlossen, so daß in diesem Bereich stehende Luftpolster das Haus umgeben.

Neben der passiven Nutzung der Sonnenenergie sorgen Flachkollektoren für die Warmwasseraufbereitung während der Sommermonate. Die Kollektoren sind in der südseitigen, 60º geneigten Dachfläche des Hauses integriert.

Wohnanlage, 1981–82
Wilhelm-Raabe-Straße 6
Entwurf: Thomas Herzog
Partner bei der Ausführung:
Bernhard Schilling

Zum Schluß der Ausstellung eine Wohnanlage, die sich zur Zeit im Bau befindet. Zur Konzeption sagt der Architekt Thomas Herzog:

Bei dieser kleinen Wohnanlage in München soll eine Reihe von Entwurfszielen zu einer adäquaten architektonischen Gestalt zusammengeführt werden:

— Die Qualität nach Süden terrassierter Wohnungen

— Die Einheitlichkeit eines durchgängigen, innerhalb festgelegter geometrischer Regeln variierten Konstruktionsprinzips

— Die Reihung autarker Wohnungen von jeweils 1, 2, 3, oder 4 Feldern Breite unter Verwendung der gleichen baulichen Grundelemente

— Die Ausdehnung der Nutzungsdauer von Freiraum im städtischen Bereich durch den Bau von Zwischentemperaturbereichen als Wintergärten, die sich dem eigentlichen Wohngebäude überlagern

— Die räumliche Verzahnung von »Innenhaus« und Wintergarten, mit der Möglichkeit der Zustandsänderung

— Die direkte und indirekte Ausnutzung einstrahlender Sonnenenergie für Heizung, Warmwasser und Strom

Einen Eindruck von der innen-räumlichen Wirkung der im Bau befindlichen Wohnanlage gibt der Blick in die Räume eines ähnlichen Gebäudes, das der Architekt 1976 als Privathaus in einem kleinen Park entworfen hat. Es ist Thomas Herzogs erste Arbeit im Rahmen einer architektonischen Konzeption, bei der passive solartechnische Maßnahmen in das bauliche Gefüge gestaltprägend einbezogen werden.

Dokumente und Texte
von 1800 bis 1930

Friedrich Ludwig von Sckell
»Beiträge zur Bildenden Gartenkunst«
München 1819
(Auszüge)

Allgemeine Betrachtungen über die neuern
natürlichen Gärten, mit einigen Vergleichungen
der vormaligen symetrischen Gartenkunst

Unsere heutigen Gärten, obschon sie auch die
Kunst größtentheils hervorgehen macht, gleichen
nicht mehr jenen vormaligen künstlichen Garten-
Anlagen, wo alle Formen nach den strengsten
Gesetzen der Regelmäßigkeit erscheinen mußten.

Die Natur ist es, die den neuern Gärten zum
Muster dient; ihre so mannigfaltigen, unzähligen
Bilder, die die schöne Erde zieren, schmücken
nun auch unsere Gärten, aber, ohne daß sie den
allergeringsten Zwang einer ängstlichen Nachahmung fordern. Diese Bilder der Natur stellet
nun die Kunst, im Einklange mit ihr, in mehreren
zusammengesetzten Landschaften, in den Gärten auf, die eine mit Geschmack verbundene
Haltung in ein Ganzes vereint ...

Uebrigens ist es kaum zu begreifen, wie ein
solcher Gartengeschmack, der zugleich auch so
viele kleinliche und widernatürliche Formen auf-
stellte, Jahrhunderte hindurch befolgt und be-
wundert werden konnte. Wie war es doch den
gebildeten Menschen möglich, diesen künstlichen Gärten, beim Vergleich mit der Natur, der
sie doch im Grunde am nächsten angehörten, so
lange zu huldigen und ihnen Beifall zu schenken!

Welchen widrigen Eindruck mußten nicht
die widersinnig geschnirkelten Bux-Parterren,
die wie Mauern geschnittene Hägen mit den
verstümmelten Bäumen, denen die Scheere nie
vergönnte, ihre Blüthen hervorzubringen, im
Vergleich mit jenen Bäumen erwecken, die sich
ihres freyen Wuchses und der Entwicklung ihrer
schönen, malerischen Formen, ihrer Blüthen und
Früchten erfreuen durften ...

Allein so wenig der Vergleich mit der schönen
Natur diesen steifen Gartengeschmack zu ver-
drängen im Stande war, eben so wenig vermochten es weder Bacon, noch Miltons reizende
Schilderung seines Paradieses, noch die schönen Gemälde von Armidas Gärten, noch die Vorschriften eines Addisson und Pope. Nur dem
Maler Kent war es vorbehalten, den ersten so
ruhmvollen Uebergang zu wagen, die Gärten
nach den Gesetzen der Natur hervorgehen zu
machen; dann folgten die bedeutendsten Schrift-
steller, Home, Masson, Whately, Chamber's,
Watelet, Gilpin, Burke, Hirschfeld, de Lille, Rep-
ton und viele andere, und unterstützten auch
mit ihren lehrreichen Vorschriften diesen neuen
natürlichen Gartengeschmack, bis er sich, wenigstens in Europa, zum herrschenden erhob.
So viel Mühe kostete es, die alten symetrischen
Gärten zu verabschieden und an ihre Stelle die
Natur, die Wahrheit, und Schönheit auftreten
zu lassen.

Volksgärten

Der Zweck solcher Anlagen besteht vorzüglich darin, daß sie den Menschen zur Bewegung, zum Genuße der freien und gesunden Lebensluft und zum traulichen und geselligen Umgang und Annäherung aller Stände dienen, die sich hier im Schoße der schönen Natur begegnen, erquicken und in ihrem einfachen Genuße manche andere minder wohlthätige städtische Ergötzlichkeit entbehren lernen. In solchen Gärten muß daher auch für das Bedürfniß aller Stände und jedes Alters gesorgt werden.

Greise, Wiedergenesende und die zarte Jugend fordern nahe, gemächliche, gefahrfreie und mit vielen Ruhebänken bestellte Wege, die auch zugleich gegen die rauhen Winde geschützt seyn müssen und die von der Sonne erwärmt werden können.

Mit der kraftvollen, wirkenden Menschenklasse aber verhält es sich anders. Diese bedarf Wege, die mehrere Stunden weit durch Wälder, Haine und Auen führen und die auch zum Reiten und zum Fahren eingerichtet seyn müssen; denn sie muß ihre Stärke üben, neue Körper- und Geisteskräfte durch Thätigkeit gewinnen und diese dem Staate lange erhalten.

Der Volksgarten ist demnach in doppelter Hinsicht die vernünftigste, die wohlthätigste und die lehrreichste gymnastische Schule für Geist und Körper, und gehört daher auch mit unter die nöthigsten Anstalten der bildenden Kunst, die eine weise, humane Regierung gleichmäßig begünstigen und unter ihren Schutz nehmen sollte.

Die Gärten bei Krankenhäusern und ihre Pflanzungen

Solche Gärten unterscheiden sich von den vorhergehenden auf eine sehr merkliche Weise und vorzüglich darin, daß sie eine fast ebene Lage erhalten sollten, weil die durch Krankheit geschwächten Bewohner keine Hügel ersteigen können; daß sie keine Bäche, keine Teiche, keine Wasserfälle aufnehmen, welche die Luft mit Feuchtigkeit schwängern; daß keine dunklen Gänge, in welche die Sonnenstrahlen nicht einzudringen vermögen und wo nur Feuchtigkeit wohnet, die den Wiedergenesenden nachtheilig ist, angewendet werden u.s.w.

Daher werden auch die Krankenhäuser selbst in heitern, anmuthigen, trockenen, freien Gegenden errichtet, wo eine gesunde Luft wehet und wo die wohlthätigen Sonnenstrahlen ungehindert jeden Krankensaal bescheinen und erwärmen können. Auf ähnliche Erfordernisse machen dann auch die Gärten, welche solche Gebäude umgeben, Anspruch. Keine tiefe, feuchte Lage, keine finstern kalten Alleen oder Gebüsche, keine traurigen Bilder, die an den Tod oder sonst an einen Schmerz erinnern, sind ihnen eigen. Liebliche Gruppen von Blüthen tragenden Gesträuchen, die über Rasenplätze gleichsam hingestreut und getrennt erscheinen und die nur einen beweglichen Schatten über die Wege und nur so lange verbreiten, bis wieder die Sonnenstrahlen ihre Stellen einnehmen können; abwechselnde leere Zwischenräume, die ein schöner Rasen bedeckt und wo nur hin und wieder einzelne Bäume stehen, die dem Eindringen der Sonnenstrahlen, um diese Plätze erleuchten und erwärmen zu können nicht hinderlich sind; Blumen, mit aromatischen Kräutern untermischt, die an den Kanten der Gebüsche hervorblicken und die Luft mit ihrem Wohlgeruch verbessern, nebst vielen Ruhebänken, nehmen solche Gärten vorzüglich auf. Ein solcher Garten müßte das Krankenhaus so nahe als möglich umgeben, damit jeder Kranke schon aus seinem Fenster die schöne Natur erblicken und von ihren Reizen und balsamischen Lufttheilen gestärkt werden könnte.

Franz Thurn
»Haupt- und Detailpläne der neuen königlichen Sternwarte bey München. Erbauet und bekannt gemacht vom Königlich Baierischen Hofbau Inspector Franz Thurn.«
München 1820
(Auszug: Einleitung)

Vorerinnerung

Wenn ich wegen der Herausgabe dieser Blätter einer Rechtfertigung bey dem Publikum bedürfte, so läge sie für den verständigen Theil desselben schon in der öffentlichen Bestimmung des Werkes selbst, und eben daran muß ich auch diejenigen erinnern, welche die Einfachheit der Aussenseite des Gebäudes und ihren Mangel an architektonischen Zierden etwa tadeln wollten. Um der schönen Baukunst willen ward vielleicht noch nie ein Gebäude auf öffentliche Kosten aufgeführt, und geschah es jemals, so sind diese Zeiten doch längst vorüber, seitdem die leidige Erfahrung gelehrt hat, daß es noch immer gemeinnützigere Mittel gebe, den Überfluß an Reichtum in wohlthätigen Umlauf zu setzen, und seitdem eine bewährte gute Meinung von Verstand und zweckmäßiger Wirtschaftlichkeit weit mehr Ehre und Zutrauen erzeugt, als die Bewunderung des sublimsten und kostbarsten Kunst- oder Prunkgeschmackes.

Die Kunst, anstatt durch ihre Unterordnung unter andere und höhere Zwecke an ihrer Würde etwas zu verlieren, gewinnt dadurch weit mehr, als wenn sie sich überall als Selbstzweck aufdringen und da, wo nur Kern und Frucht gesucht wird, eine blendende Schaale zur Schau geben will. Wie manche Anstalt würde mit dem Spotte verschont, oder doch gelinder beurtheilt werden, wenn sie nicht durch ein stolzes Aussehen zu den strengsten Forderungen und zu einer oft sehr nachtheiligen Vergleichung zwischen Schein und Werth die Veranlassung gäbe?

Aber auch selbst in dem Falle, daß Kern und Frucht dem höchsten Glanz der Schaale vollkommen entsprechen können, scheint es mir doch immer rathsam, den Aufwand für den leztern in einem bescheidenen Maas zu halten, weil zum Vorrath ersparte Kräfte, wenn auch nicht gleich, doch dereinst, zur Erhaltung oder zur Vervollkommnung des Innern und Wesentlichen verwendet werden können.

Bey Privatgebäuden mögen diese Rücksichten dem Gutdünken des Unternehmers überlaßen bleiben; bey öffentlichen aber liegen sie, meiner Meinung nach, in dem Pflichtenkreis des Baumeisters, der, wenn auch von höherer Leitung abhängig, doch unter der Schilddecke der Kunst seiner eigenen Begierde Ruhm und Beifall manches aufopfern kann, was dem Zwecke des Werkes nicht frommt.

Ich glaubte daher, daß bei einem öffentlichen, dem Betrieb einer Wißenschaft bestimmten Gebäude auch den Forderungen der Kunst genug geschehe, wenn es in seinem Innern dem Zwecke entspricht und in seinem Äußern, insofern nicht auch dieses durch den Zweck bedingt ist, die für gut erkannten Bauverhältniße in ihrer Beziehung auf Schönheit sowohl als auch und besonders auf Dauerhaftigkeit beobachtet sind.

Daß aber die leztern einen vorzüglichen Bedacht erheischten, erklärt sich aus der hohen und isolirten Lage des Gebäudes selbst, bey welchem von keiner Verschönerung seiner Umgebung die Rede seyn konnte, und deßen, jedem wilden Sturm bloßstehenden Außenseiten der Verwitterung keinen allzufrühen Raub freiwillig anbieten durften.

Doch gegen jeden etwaigen Tadel der Baukünstler nehme ich meine Zuflucht zu allen Astronomen der Erde, welchen ins Gesammt ich diese Blätter widme. Vertraut mit den Verhältnißen des Weltgebäudes und an die tägliche Betrachtung dieses göttlichen Meisterwerkes gewöhnt, wißen sie am beßten, was es mit allem menschlichen Bestreben nach Vollkommenheit für eine kümmerliche Bewandniß hat.

München am 28ten Jenner 1820 Fr. Thurn

J.M.C. Gustav Vorherr
»Über die Wichtigkeit der Baupläne«

»Wöchentlicher Anzeiger für Kunst- und Gewerbefleiß im Königreich Baiern«, München, 1815 (Auszug)

Das Studium der Architektur ist zwar – dem Scheine nach zu urtheilen – in den neuern Zeiten mehr als je betrieben worden, und eine Menge junger Leute in Deutschland hat sich dieser Kunst gewidmet; man sollte demnach glauben, daß hierin eine ungemein hohe Stufe erstiegen worden wäre, daß Bauende an richtiger Leitung, und besonders an wohldurchdachten Plänen durchaus keinen Mangel hätten, und daß das Bauwesen überhaupt im rechten Geleise seyn müsse: dennoch findet der aufmerksame Beobachter häufig das Gegentheil! Man hat leider dieses Studium hier und da zu leicht gemacht, und – was von unabsehbarem Nachtheil ist – die Architektur da und dort zur bloßen Zeichnungskunst herabgewürdigt.

 Leute, beinahe ohne alle scientifische Bildung, deren ganzer Verdienst in artistischer Hinsicht oft nur darin besteht, ein, oder höchstens ein paar Säulensysteme, dann einige Façaden und Ornamente copirt zu haben; die kaum eine Ahnung von wahrer Architektur besitzen, nichts als einen ärmlichen nur für den Laien in die Augen fallenden Riß fertigen können, wie Schönschreiber Aufsätze ohne Styl und Sinn, oder wie Reimer, Verse ohne Geist; solche Leute maßen sich heut zu Tage den vielsagenden Namen Baumeister an, oder werden wohl gar von Regierungen, aus irrigen Ansichten, als Architekten angestellt; daher so viel Unvollkommenes beim Bauwesen; daher so viele seichte Baupläne, daher die vielfältige Verletzung des Grundsatzes, »daß Decoration durchaus kein wesentlicher Theil der Architektur ist, und daß der Architekt Disposition und Construktion zu seinem Hauptstudium machen müßte, wenn er mit Nutzen für das Staats- so wie für das Privatbauwesen gebraucht werden soll.« Man nimmt noch immer zu wenig Rücksicht auf das praktische Leben, arbeitet nicht genug darauf hin, die Forderungen des Zweckes, so wie jene der Kunst erforschen zu lernen: es wird nicht genug eingeprägt, daß der Hauptzweck der Architektur seye, »Bauten ihrer Bestimmung vollkommen gemäß zu errichten.« ...

J.M.C. Gustav Vorherr
»Einige Notizen über das landwirthschaftliche Bauwesen in Bayern«

»Kunst- und Gewerb-Blatt des polytechnischen Vereins im König-Reiche Bayern«, München, 1819 (Auszug)

... Das was bey allen architectonischen Entwürfen hauptsächlich zu berücksichtigen ist, nämlich: Zweckmäßigkeit und Oeconomie, diese muß vorzüglich bey den Entwürfen von landwirthschaftlichen Gebäuden dem Architecten stets vor Augen schweben; auch wird ein denkender Kopf diese Bauten eben so zu Kunstwerken – in ihrer Art – zu erheben wissen, als die Palläste der Großen. Jeder Bau muß studirt werden, und der Entwurf eines einfachen Landhauses bedarf nicht weniger Nachdenken, als der weitläufige Pallast; vielleicht das erstere oft mehr, als der letztere, indem bey jenem gemeiniglich Sparsamkeit vorschreibt, bey letzterem meist der volle Beutel zu Gebote steht. – Jedes Gebäude, gleichviel wozu es diene, läßt sich im Innern dem Zweck vollkommen entsprechend einrichten, und aus dieser überlegten vollkommen zweckmäßigen Einrichtung wird dann eine Façade oder ein Aeußeres erfolgen, worin ein ordnender Geist sichtbar ist – und sollte denn ein architectonisches Werk, aus welchem ein ordnender Geist spricht, nicht zu den Kunstwerken zu zählen seyn? Diejenigen Architecten, die nicht auch die Gebäude des Landmannes, wobey die Summe zur Erreichung des Zweckes immer gegeben wird, schön und gefällig zu gestalten wissen, ohne zu eiteln Decorationen ihre Zuflucht zu nehmen, kennen ihr Fach nur unvollkommen; denn unstreitig nicht Säulen, Pilaster, Statuen, Vasen und sonstige Ornamente etc. vermögen ein Gebäude zu einem Kunstwerke zu erheben: nur der lautere Geist, der aus plastischen Werken spricht, bestimmt ihren Werth. – Decoration ist durchaus kein wesentlicher Theil der Architectur. Disposition und Construction muß der Architect zu seinem Hauptstudium machen, wenn er mit Nutzen für das Staats- so wie für das Privat-Bauwesen gebraucht werden soll. Der kenntnißreiche Architect und Professor Rondelet zu Paris sagt in seinem »Traité de l'art de bâtir« sehr schön und richtig: »Une des principales causes qui rendent notre manière de bâtir si coûteuse, est l'inexpérience des architectes. Il est certain que la plupart des architectes négligent trop l'étude de la distribution et de la construction, pour se livrer exclusivement à la décoration; ils semblent avoir fait de cette dernière partie, qui n'est qu'un accessoire, un objet principale etc.« Dann weiter: »La plupart des productions de ces architectes ne présentent que des massifs ornés, dans lesquelles la décoration ne faisant point partie essentielle de l'édifice, il en résulte une architecture lourde et dispendieuse, où tout est assujetti au caprice du décorateur; de manière que si l'on supprimait de plusieurs de leurs édifices, les colonnes, les pilastres et les autres ornemens superflus, il ne resterait que des masses informes, auxquelles on a sacrifié la commodité, la convenance et l'économie.«

Zu diesen trefflichen Bemerkungen erlaube man auch noch beyzufügen, was der Architect und Professor Durand zu Paris in seinen schätzbaren »Lecons d'architecture« über den Zweck der Architectur im Allgemeinen aussprach: »Soit que l'on consulte la raison, soit que l'on examine les monuments, il est évident que plaire n'a jamais pu être le but de l'architecture ni la décoration architectonique, être son objet. L'utilité publique et particuliére, le bonheur et la conservation des individus et de la société; tel est le but de l'architecture.« Eine Wahrheit, die oft genug wiederholt werden kann, und welche die Beherzigung aller Regierungen verdient. Wie vieles wurde nicht schon beym Bauwesen verschleudert! Wohl könnten Dörfer von halb Deutschland freundlich lachend neu aufgeführt werden, wenn man nur jene Summen noch hätte, die einige Jahrhunderte hindurch auf architectonische Spielereyen verwendet wurden ...

J.M.C.Gustav Vorherr
»Erklärung der Landesverschönerungs-kunst«

»Monatsblatt für Bauwesen und Landesverschönerung«, München 1829

Die Landesverschönerungskunst, an der Spitze aller Künste stehend, umfaßt im Allgemeinen: den großen Gesamtbau der Erde auf höchster Stufe; lehrt, wie die Menschen sich besser und vernünftiger anzusiedeln, von dem Boden neu Besitz zu nehmen und solchen klüger zu benutzen haben; legt das Fundament zu einem verbesserten Kunst- und Gewerbewesen, gründet die echte Bauhütte; trägt wesentlich zur Veredlung der Menschheit bei; webt ein hochfreundliches Band, wodurch künftig alle gesittet Völker zu Einer großen Familie vereinigt werden, und knüpft durch den Sonnenbau die Erde mehr an den Himmel. Im Besonderen umfaßt diese Tochter des neunzehnten Jahrhunderts: das gesamte Bauwesen eines Landes, Wasser-, Brücken-, Straßen- und Hochbau des Hofs und Staats, der Communen und Stiftungen, dann die Baupolizei, einschließlich der Polizei des Feld- und Gartenbaues; lehrt, die Hochgebäude nach den vier Hauptgegenden zu orientieren und die Wohnhäuser, mit steter Hinsicht auf die Sonne, möglichst vollkommen einrichten; die Städte und Dörfer verschönern und besser anlegen; die Fluren vernünftiger einteilen und freundlicher gestalten; bildet geschicktere Bauleute und strebt, glückliches Bürgertum zu gründen und zu erhalten, Gemeines zu veredeln und Niedriges zu erhöhen. — Die wahre Landesverschönerung oder Verschönerung der Erde entsteht dadurch, wenn Agrikultur, Gartenkunst und Architektur, in größter Reinheit, ungetrennt nicht bloß für das Einzelne, sondern hauptsächlich für das Gemeinsame wirken.

Antwortschreiben von Karl Friedrich Schinkel an Kronprinz Maximilian, späteren König Maximilian II, 1834

Ew. Königliche Hoheit
haben die Gnade gehabt, mir die folgenden Fragen in Beziehung eines zu bauenden Residenzpalastes für Se. Majestät den König von Griechenland zur Beantwortung vorlegen zu lassen:

1. ob es überhaupt ein Ideal der Baukunst gäbe oder nicht?
2. ob es für Griechenland eins gäbe, und welches es sei?
3. welche namhaft zu machenden Werke es über diesen Gegenstand gäbe?

Die beiden Fragen ad 1. und 2. werden sich allgemein dahin beantworten lassen, daß das Ideal der Baukunst nur dann völlig erreicht ist, wenn ein Gebäude seinem Zwecke in allen Theilen und im Ganzen in geistiger und physischer Rücksicht vollkommen entspricht.

Es folgt hieraus schon von selbst, daß das Streben nach dem Ideal in jeder Zeit sich nach den neu eintretenden Anforderungen modificiren wird, daß das schöne Material, welches die verschiedenen Zeiten für die Kunst bereits niedergelegt haben, den neuesten Anforderungen theils näher, theils ferner liegt und deshalb in der Anwendung für diese mannigfach modificirt werden muß, daß auch ganz neue Erfindungen nothwendig werden, um zum Ziele zu gelangen, und daß, um ein wahrhaft historisches Werk hervorzubringen, nicht abgeschlossenes Historisches zu wiederholen ist, wodurch keine Geschichte erzeugt wird, sondern ein solches Neue geschaffen werden muß, welches im Stande ist, eine wirkliche Fortsetzung der Geschichte zuzulassen.

Hierzu gehört freilich neben der Kenntnis des gesammten historisch Vorhandenen eine Phantasie und das Divinationsvermögen, das rechte und gerade der Kunst noththuende Mehr wenigstens für die nächste Zukunft zu finden.

Gegen einen Künstler, der bei der großen architektonischen Aufgabe eines Regierungspalastes für den Herrscher des neuaufkeimenden Griechenlands schnell fertig und auf's Reine mit sich hervorträte, würde ich großes Mißtrauen haben, und ich glaube, daß der Talentvollste vor dieser Aufgabe erst bei sich selbst die schwerste Schule machen müsse.

Könnte man, altgriechische Baukunst in ihrem geistigen Princip festhaltend, sie auf die Bedingungen unserer neuen Weltperiode erweitern, worin zugleich die harmonische Verschmelzung des Besten aus allen Zwischenperioden liegt, so möchte man für die Aufgabe vielleicht das Geeigneteste gefunden haben; dazu gehört aber freilich Genie, welches sich niemand erringen kann, sondern das dem Beglückten vom Himmel her unbewußt zu Theil wird.

Uebrigens ist eine große Hülfe und ein ganz wesentliches Mittel, zum Zwecke zu gelangen: das Entwerfen einer auf die Sitte und das Bedürfnis des Landes basirten Lebensweise des Fürsten und dann die Auswahl einer recht charakteristischen und schönen Localität für einen Bau dieser Art, und meiner Ansicht zufolge würde dies der erste Schritt zu diesem Werke werden müssen, und der Architekt würde sich in die Natur dieser Localität vertiefen und ihr mannigfach Gegebenes schön für sein Werk benutzen müssen. Schwerlich dürfte dann ein Werk nach den lange abgenutzten neuitalienischen und neufranzösischen Maximen hervorgehen, worin besonders ein Mißverstand in dem Begriff von Symmetrie so viel Heuchelei und Langeweile erzeugt hat und eine ertödtende Herrschaft errang.

Literarische Werke, die einen genügenden Aufschluß über diesen feinen Punkt der Baukunst zu geben im Stande wären, wüßte ich keines, dagegen liegt Material dazu in jedem der besseren Werke über Baukunst der alten, mittleren und neueren Zeit.

Ew. Königliche Hoheit wollen diese Ansicht über den in Frage gestellten Gegenstand gnädigst aufnehmen, welche nach meiner innigsten Ueberzeugung nicht so befriedigend ausfallen konnte, als es Ew. Königliche Hoheit gewünscht hätten.

Schinkel.

Die Maximilians-Getreidehalle zu München, 1853

Entworfen und ausgeführt von Stadtbaurath Hrn. Muffat
Mitgetheilt von dem städtischen Bauführer L. Wind
»Allgemeine Bauzeitung«, Wien 1856
(Auszug)

Wenn München sein Entstehen dem Handel mit Salz verdankt, welches auf der Isar verführt und an den damaligen Landungsplätzen besteuert wurde, so ist der Handel mit Getreide die Hauptveranlassung des raschen und stetigen Anwuchses und der zunehmenden Bevölkerung desselben ... Dieser Markt ist der bedeutendste von ganz Deutschland geworden.

Eine eigene Marktordnung sorgt für alle vorkommenden Fälle von Streitigkeiten und Uebervortheilungen, und es mag aus der im Jahre 1772 vorgekommenen Hinrichtung zweier des Wuchers und der Betrügerei überwiesenen Getreidehändler hervorgehen, wie ernstlich diese Anordnungen vermeint waren und welche Wichtigkeit man dem ganzen Institute damals beilegte, wenn auch in unserem Jahrhunderte solche strenge Urtheile einer unbeugsamen Justiz nicht mehr erforderlich und wünschenswerth sind ...

Bei diesem raschen Anwuchs konnte der frühere Marktplatz mit seinen 6000 Q. F. Flächenraum nicht mehr genügen. Dies wurde von den Behörden auch erkannt, und nachdem die Nothwendigkeit einer Vergrößerung und sofortigen Verlegung des Marktes einmal ausgesprochen war, tauchten Dutzende von Vorschlägen auf, je nachdem Privatinteressen und Meinungsverschiedenheiten den Impuls gaben. Zur Sichtung und Prüfung dieser verschiedenen Projekte wurde eine Kommission niedergesetzt, deren maßgebende Hauptanhaltspunkte theils eine nicht große Entfernung vom bisherigen Verkaufsplatze, theils möglichst viel Kommunikazion für Zu- und Abfuhr, und endlich nicht zu große Ueberschreitung der dazu disponiblen Geldkräfte waren. Diese glaubte nun in dem vom Viktualienmarkte längs der Blumenstraße an dem sogenannten Zwinger bis zum Angerthore sich erstreckenden Platze das allen Anforderungen entsprechende Terrain gefunden zu haben, indem hierbei noch vorzüglich der Umstand günstig erschien, daß es Eigenthum der Gemeinde war, und daß, wenn auch durch den durchfließenden Stadtgraben und dessen tiefe Lage eine kostspielige Fundirung des ganzen Baues nothwendig wurde, es doch besser war, die aufzuwendenden Summen in die Hände der arbeitenden Klasse, als in die Säckel reicher Grundeigenthümer fließen zu lassen ...

Nach dem gegebenen Programme mußte das Gebäude entsprechende Räumlichkeiten für den öffentlichen Verkauf des Getreides und einen hinreichenden Platz für Aufbewahrung und Einstellung des an den Markttagen stehen bleibenden bieten. Für die erstere dieser beiden Bedingungen wurde die Gestalt der offenen Hallen in Basilikenform gewählt, weil das zur genauen Prüfung des Getreides nöthige Licht auf jede andere Weise zu sehr benachtheiligt worden wäre, als daß andere Umstände, als gänzlicher Verschluß vor Unwetter, Zug, etc., dagegen im Vergleich gebracht werden durften. Für die zweite Bedingung bot der Hauptmittelbau die entsprechenden Räumlichkeiten im Erdgeschoß, während der erste Stock für den Hopfen- und der zweite für den Wollmarkt bestimmt wurden, welche ebenfalls nach den gegebenen Anforderungen im Baue mit inbegriffen sein mußten. Als Schluß für die beiden Langseiten des ganzen Baues wurden die beiden Pavillons angebracht, welche hinreichende Räumlichkeiten für die Fässeraiche, den Markt für Oelfrüchte und einzelne für Versammlungen disponible Räume enthalten.

Am 2. Juni 1851 wurden die Grund- und Erdarbeiten begonnen und trotz der in diesem Jahre höchst ungünstigen Witterung bei eingetretenem außergewöhnlichen Hochwasser, welches beinahe alle disponiblen Kräfte der Gemeinde in Anspruch nahm, innerhalb eines Jahres, nämlich am 12. Juni 1852, vollendet. Während dieser Zeit noch, nämlich am 9. Oktober 1851, legte Sr. Majestät König Maximilian II von Bayern den Grundstein im Hauptmittelbaue, und es wurde auch der ganze Bau nach dem Namen des königlichen Gründers benannt. Im Oktober des nächsten Jahres 1853 war das ganze riesige Gebäude vollendet und wurde dem Publikum zur Benützung feierlichst übergeben.

Der Industrie-Ausstellungs-Palast in München

»Illustrirte Zeitung«, Leipzig, 1. Juli 1854
(Auszug)

Nach der im Jahre 1844 zufolge der fünften Generalversammlung in Zollvereinsangelegenheiten stattgefundenen ersten Ausstellung für deutsche Gewerbserzeugnisse in Berlin hatte die königlich bairische Regierung ihre Absicht kundgegeben, die nächste in München abzuhaltende Ausstellung veranstalten zu wollen. Das Jahr 1848 verhinderte die augenblickliche Ausführung dieses Planes und erst gegenwärtig gab der mit der kaiserlich östreichischen Regierung abgeschlossene Handelsvertrag, welcher einen weitern Umkreis für die Ausstellung der deutschen Handels- und Gewerbserzeugnisse hoffen ließ, die Veranlassung, den einmal gefaßten Plan von neuem und eifriger wie vorher aufzunehmen, und zwar wurde allerhöchsten Orts sogleich die Zeit vom 15. Juli bis 15. Oktober 1854 zur Abhaltung der Industrieausstellung bestimmt.

Inzwischen hatten bereits die berühmten Weltausstellungen von London und Neuyork stattgefunden und die in diesen Hauptstädten zu diesem Zwecke hergerichteten, ebenso originellen als großartigen Gebäude legten den Gedanken nahe, einen ähnlichen Palast aus Eisen und Glas, wie den Sydenhamer, aufzuführen, um so mehr, da sich in München kein Gebäude vorfand, das den nach früheren Erfahrungen nothwendigen Flächenraum von beinahe 200 000 Quadratfuß enthielt, und sich auch keines zur Erweiterung eignete. Es wurde also bei einer der ersten Berathungen der Entschluß zu einem Neubaue gefaßt, welcher in der kurzen Zeit von sieben Monaten mit zwischenliegendem Winter vollendet sein mußte ...

Nachdem in der Wahl des Bauplatzes ein glücklicher Griff gethan war, geschah ein nicht minder glücklicher in der Wahl des Architecten. Der König betraute mit der Ausarbeitung eines Planes den Oberbaurath A. Voit, denselben, dem die Kunst eine der originellsten und geistreichsten münchner Schöpfungen im Gebiete der Architectur, die neue Pinakothek, verdankt. Derselbe schuf in kurzer Zeit ein Werk, das seinen schon bewährten Ruf weit über die Gauen des deutschen Vaterlandes tragen wird. Wenn wir dem Erbauer des sydenhamer Palastes auch stets die Ehre der Erfindung eines scheinbar so luftigen und doch so soliden Feenpalastes dankbar zuerkennen, so haben wir doch eine ebenso große Pflicht dem Architecten des münchner Glaspalastes gegenüber, welcher der innern Wesenheit, den Bedürfnissen des Baues den richtigen Ausdruck der äußeren Form gab, einer Form, die nicht an Holz und noch weniger an Steinconstructionen erinnert, sondern das angewendete Material in seiner eigentlichen Benutzungsfähigkeit hervortreten läßt ...

Das Gebäude, welches 800 Fuß lang und 160 Fuß breit ist und einen Querbau (Transept) hat, besteht aus 3 Schiffen, von denen das mittlere 80 Fuß breit und ebenso hoch ist; es wird überspannt von 3 Fuß 6 Zoll hohen eisernen verstrebten Gittern, die auf diese Weite frei tragen, sich 6 Zoll nach der Mitte zu erheben und so das natürliche Gefälle für die Abflußrinnen bilden: diese Gitter sind im Innern sichtbar und tragen die Dachungen ...

An dieser Stelle mögen wir gern des umsichtigen Unternehmers, des Chefs der Firma Kramer-Klett in Nürnberg, gedenken, der die großartigen Lieferungen mit einer außerordentlichen Pünktlichkeit besorgte, sodaß förmlich von Tag zu Tag die nöthigen Vorräthe anlangten, um nicht durch allzugroße Anhäufung den Bau zu beengen. In der nürnberger Fabrik sind allein 1500 Arbeiter beschäftigt gewesen, von denen die Geschicktesten beim Beginne des Eisenbaues nach München gesendet wurden, um daselbst die Leitung bei der Zusammenfügung des eisernen Gerippes zu übernehmen. Der Werkmeister Werder besorgte die von Herrn Kramer-Klett angegebenen Constructionsdetails, welche in hohem Grade von der technischen Einsicht des Letztern und seiner ausgezeichneten Werkkenntniß dieser neuen unendlich practischen Bauart, die eine große Zukunft vor sich hat, zeugen.

Industrie-Ausstellung und Cholera 1854
Franz von Dingelstedt in seinen »Münchner Bilderbogen«:

Die erste große Industrie-Ausstellung im neu-erbauten Glaspalast war eröffnet worden zum großen Mißbehagen der ultramontanen Presse, die längst ein Konzert von Unkenrufen anstimmte. Gleichsam zur Bestätigung zog mit dem Fremdenstrom gleichzeitig die asiatische Seuche ein, um ihre Geißel zu schwingen. Die Zustände wurden allmählich schreckenerregend. Ein schwefelgelber Dampf schien über der Stadt zu liegen; auf den Straßen sah man nur die bekannten schwarzen Wagen, alle Fremden stoben in panischer Flucht davon. Schwer wie Blei stockte das Blut in den Gliedern der Gesunden, als wäre die Luft vergiftet. Die Zahl der Toten stieg allmählich auf hundert und mehr jeden Tag ... Meister Konrad Knoll, der Bildhauer, mit dem ich in letzter Zeit zusammen speiste, kam zu mir. »In unserem Hause sind heute nacht wieder fünf gestorben, in meiner Etage allein drei; wenn ich bleibe, komme ich auch an die Reihe. Geh mit mir nach Starnberg, bis Gauting können wir fahren.« So weit war in diesem Jahre bereits die neue Eisenbahn eröffnet.

A. Teichlein
»Münchner Industrieausstellung 1854«
»Deutsches Kunstblatt«, 14. September 1854
(Auszug)

Wie von der unwiderstehlichen Triebkraft des Frühlings beseelt, schossen mit den ersten grünen Halmen des diesjährigen die Säulenschäfte des Glaspalastes empor. Um dieselbe Zeit las man eines Tages in unsern Lokalblättern: Gestern hat König Ludwig in aller Stille den Grundstein zu den Propyläen gelegt. — Trotz des vollen Bewußtseins von der Berechtigung und Nothwendigkeit einer Erneuerung des antiken Styles im Verlauf moderner Kunstgeschichte, und bei wärmster Anerkennung alles dessen, was unser erhabener Kunstbeschützer in dieser Richtung gewirkt hat, bin ich doch bekanntlich nicht gerade von schwärmerischen Sympathien für den restaurirten Hellenismus erfüllt. Und dennoch hatte die Nachricht von der stillen Grundsteinlegung etwas unsäglich Rührendes für mich! Das that wohl der Gegensatz des lärmenden Hämmerschlags vom Industriebau herüber. Denn, daß ich es gestehe, beim Anblick dieses täglich wachsenden eisernen Spinnengewebes ergriff mich jenes eigenthümliche Mißbehagen, welches den armen Lenau in der Nähe von großen Werkstätten und Stapelplätzen der Industrie dergestalt übermannt haben soll, daß es ihm einmal, in einem amerikanischen Spinnhause, förmlich übel ward.

»Nun ja (mögen manche meiner Leser denken), bei Dichtern, Künstlern ist die Antipathie erklärlich und zu verzeihen; und, wir verstehen auch, wer, wie der Verfasser dieser Briefe, in der behaglichen Atmosphäre der süddeutschen »Kunststadt« aufgewachsen, und sich stets nur auf den festlichen Tonwellen des »Walhallaliedes« zu wiegen gewohnt war: dem mißhagt begreiflicherweise schon der Gedanke an das herannahende Maschinengerassel, und in den Sprengwerken des Industriepalastes ahnt er schlimmen Sinn.«

Mein Wort darauf, Verehrteste! Es ist nicht das, zum mindesten nicht das allein! Habe ich es nicht schon angedeutet, daß auch meine Pietät, meine Begeisterung für Alles, was noch mit jener schönen Epoche neudeutscher Kunstentwickelung innerhalb meiner Vaterstadt zusammenhängt, ihren unabweislichen, kritischen Vorbehalt habe? Und bedarf es noch einer Betheurung, daß auch ich, als ein Mitbürger dieses Jahrhunderts, den großen Zug der industriellen Zeitströmung nicht verkennen kann? Wahrhaftig, ich ehre dankend jedes Streben, jedes Unternehmen, das die Zeit begreift und zunächst ihre nächsten Interessen fördern will. Aber das kann mich hier sowenig von jenem

Zweifel und sorgenvollen Mißbehagen befreien, als ich mir dort, erweicht von dem Syrenengesange lieber Erinnerungen, etwa einzureden vermöchte, immer und überall gehe der Weg alles ästhetischen Heils durch antike Säulenstellungen! ...

Seht doch nur hin: Propyläen und ein Glaspalast – auf mäßige Straßenlänge von einander entfernt – welche wunderliche architektonische Zeitgenossenschaft einer deutschen Stadt! Seit Langem waren die beiden benachbarten Baustätten die Anziehungspunkte meiner contemplativen Abendpromenaden. Wie oft aber müßte man wohl, vorüber an der Behausung unseres ehrwürdigen Nestors der Archäologen und Philhellenen, die melancholische Pappelallee der Arcisstraße hin- und herschlendern, wollte man auf diesem Wege die große kulturhistorische Gedankenmasse erschöpfen, welche uns allein schon aus dem unmittelbaren Nebeneinander jener antiken Propyläen und dieser modernen Triumphhalle der Industrie zuströmt! Ich lade den Leser nur auf einen einzigen Gang ein, um durch diese neuesten scharfkontrastirenden Beispiele an eine alte Thatsache zu erinnern, welche für alle folgenden Betrachtungen von besonderer Bedeutung ist; daß wir nämlich keinen eigenthümlichen zeitgeborenen Baustyl haben und – man darf das wohl ohne weitläufige Motivirung hinzusetzen – sobald auch nicht haben werden. Denn, nebenbeigesagt, von diesen magern Eisenkonstruktionen wird doch, ästhetisch betrachtet, niemand eine Architektur der Zukunft erwarten, wie reich sie sich auch noch an neuern, technischen Vortheilen erweisen mögen.

Die Treibhäuser des botanischen Gartens waren es, welche dem Glaspalast das Feld räumen mußten. Auf naturwissenschaftlichem Grund und Boden also erhebt sich die Festhalle der Industrie. Ist das nicht ein sinnreicher Zufall? Wir werden überdies noch durch einen andern Umstand an den engen und bedeutenden Bund der Industrie und Naturwissenschaften erinnert. Dicht bei dem Industriegebäude steht ein Haus, das durch seine vielen Kamine auffällt. Diese Schlöte steigen über einem Hauptheerde und Berührungspunkte der beiden mächtigen Verbündeten empor; sie kennzeichnen uns das Labaratorium Justus v. Liebig's. Hier stehen wir somit im Herzen des neuesten Münchens; und, Sie werden mir glauben, daß ich das nicht ohne Stolz und mit freudigem Dankgefühl für König Maximilian sage; muß ich doch hinzusetzen, hier stehen wir im Herzen der Gegenwart. Wer wünscht, wer hofft nicht, das Vaterland eines Liebig möge auch noch ebenso glänzende industrielle Siege feiern, als ihm seine naturwissenschaftlichen Ansehen und Ruhm bei allen civilisirten Völkern erworben haben. Aber wäre damit die letzte und höchste Aufgabe der Neuzeit des deutschen Volkes gelöst, damit eine Kulturblüthe erreicht, welche jeder großen Epoche der Vergangenheit den Rang streitig machte: daß wir nie dagewesene Fortschritte in den »exakten Wissenschaften« gemacht und dieselben in praktisches, industrielles Leben umgesetzt haben? ...

Es giebt eine Frage, in der alle übrigen Fragen und Antworten mitenthalten sind, zu welchen unser Thema herausfordert, und kein Gebildeter, Denkender wird sie los: wie verhalten sich doch die »Wunder« unserer Glaspaläste, unserer modernen Civilisation, zu jenen Wundern antiker, hellenischer Bildung, welche noch in dem verstümmelten Torso, der uns davon überkommen ist, so unwiderstehlichen Zauber auf die spätesten Geschlechter üben? – Ich weiß es wohl, man soll ein Kartoffelfeld, selbst unter der Voraussetzung, daß es ein völlig gesundes sei, nicht an einem Orangen- oder Lorbeerhain messen ...

Die Zweckmäßigkeit der Anlage, die Trefflichkeit der technischen Ausführung, die Schönheit – des Details zum mindesten (z. B. der zierlichen Ornamente an den Thüren), das alles ist durchgehends unbestreitbar. Es ist das Möglichste geschehen, auch das Aeußere ansehnlich und gefällig zu gestalten; dabei that das Beste eine weise Schonung der umstehenden Baumgruppen, welche einzelnen Partien eine malerische Wirkung verleihen. Von einer architektonisch wirksamen Façade aber kann der Natur der Sache nach nicht die Rede sein, und von einem »Palast« hat dieser Glasschrank doch wohl nichts als die Ausdehnung. Der Glaspalast ist, seinem Zwecke gemäß, die große industrielle Gemeinde in sich aufzunehmen, wesentlich eine Architektur des Innern, und diesem Innern fehlt es denn auch, wie allem wahrhaft Zweckmäßigen, nicht an eigenthümlichem, bedeutsamem, ja poetischen Reiz. In dem allseitig eindringenden Lichtstrom findet der Geist dieser nach allseitiger Erleuchtung ringenden Zeit seinen unwillkürlichen und unverkennbaren Ausdruck. Und die erhebende Wirkung dieser Lichtidee, dieser immanenten Poesie des Glaspalastes, ist es ohne Zweifel zuvörderst, welche der Eintretende unbewußt und unmittelbar in der Stärke und Freudigkeit jener ersten Ueberraschung erfährt. Wir fühlen uns frei und froh in dieser hohen luftigen Halle, welche das freundliche Tageslicht fast so gleichmäßig über alle diese Früchte der nationalen Arbeit, große und kleine, gute und böse leuchten läßt, als draußen im freien Feld die allgütige Sonne Berg und Thal, Kraut und Unkraut bis auf das unbedeutendste Blümlein bestrahlt.

Allein: — und das ist die Ironie dieser absoluten Lichtidee, welche jeden Schatten aufheben, und jegliches gleichberechtigt in das hellste Licht setzen will, daß sie eben doch ihre Schattenseite hat, — dieser Widerschein allgemeiner Aufklärung schließt auch das Spiegelbild der allgemeinen Unruhe, der flackernden, flunkernden, buntscheckigen Zerstreutheit und Zerfahrenheit in sich. Es fehlt dem Glaspalast die künstlerisch harmonische Betonung, das gesammelte Licht und muß ihm fehlen, weil seinem Material von vornherein der plastische Körper, die architektonische Masse abgeht. Darum bleibt, wie man das auch mit Teppichen und Tapeten bemänteln mag, der architektonische Eindruck des allerwärts durchbrochenen, durchlöcherten Gebäudes durch und durch der des Gerüsthaften, Provisorischen. Und auch das ist eine sinnreiche Folge seiner äußeren Zweckmäßigkeit: ist doch sein eigentlicher Zweck selbst nur ein Baugerüste der Kultur, der Zukunft.

Deutlicher als irgendwo steht es diesen Glaspalästen an der Stirne geschrieben: Dies ist keine Zeit der dauernden, ideengesättigten und maßvollen Lebensformen, welche sich in monumentalen Bauwerken verkörpern lassen, dies ist vielmehr eine rastlose, irrende, suchende Uebergangsperiode, und Alles, was sie aus innerstem Beruf und Bedürfniß zu bauen vermag, das ist nicht Haus, nicht Palast, nicht Kirche, sondern prägt nur den Charakter ihres unstätten Seins, ihrer geistigen »Durchgangspunkte« aus, es ist, mit einem Wort, eine Art von Bahnhof. »Alte Geschichten!« werdet Ihr sagen. Gut; aber wie lange ist es denn her, daß man in thörichtem Uebermuth unsinnige Parallelen zwischen dem Dom von Cöln und dem Londoner Industrietreibhaus des Herrn Paxton gezogen hat? Mich dünkt, es ist doch noch keine gar so alte und allgemein verbreitete Einsicht: daß auch dieser »feenhafte Christallpalast«, dieses »Märchen aus tausend und einer Nacht«, im Grunde nichts Anderes ist, als ein festlich geschmückter Bahnhof, in welchem gleichsam das durchreisende Jahrhundert flüchtige Rast macht, um mit unerhörtem Luxus seinen unerhörten mechanischen Fortschritt zu feiern. Bei alle dem, ich wiederhole es, möchte ich nicht der Griesgram sein, der nicht herzlichen Antheil nähme an der stolzen Feier; nur: vergeßt mir im Jubel über die eine Seite, nach welcher diese Zeit mit fast übermenschlicher Energie gestrebt und Unglaubliches geleistet hat, nicht ihre ebenso unglaubliche Charakterlosigkeit, Albernheit und Ohnmacht in Sachen des Geschmacks, des Kunstgefühls, wofür die hundertfachen Beweise in eben diesem Glaspalaste vorliegen. Nicht umsonst steht die Glyptothek so nahe bei dem Glaspalast; nicht umsonst haben wir die Denkmale des Alterthums mitten unter uns, ja in uns aufgerichtet! Immer von Neuem rücken sie uns die hehre Gestalt eines vollen ungebrochenen Menschenthums vor die Seele, und dulden es nicht, daß wir uns selbstgefällig und leichtbefriedigt in dem zerstückten Spiegel vergaffen, der uns neben dem schmeichlerischen Bild eines Halbgottes beständig das traurige Fragment des halben Menschen vorhält; in dem zerstückten Spiegel dieser Gegenwart, die eigentlich keine Gegenwart, sondern nur ein gährendes Gemisch von unaufgelösten Resten der Vergangenheit und unreifen Embryonen der Zukunft, eine »Uebergangsperiode« ist. Freilich, nur Demüthigung, Schmerz und unstillbare Sehnsucht nach einem für immer verlorenen Paradiese haben wir von dem Götteranblick zu gewärtigen, so lange wir jene Denkmale des Alterthums nur mit der altersgrämlichen Hälfte unseres kulturhistorischen Januskopfes betrachten; dem Auge des jugendmuthigen, vorwärtsblickenden Antlitzes dagegen erscheinen sie zukunftverheißend und weisen über Pressen, Telegraphen und Eisenbahnen hinweg auf einen »Fortschritt« der Geschichte hinaus, zu welchem sich alle ihre bisherigen »Riesenschritte«, ihre gewaltigen Mittel des beschleunigten Verkehrs der Geister und Leiber, in der That nur wie das Mittel zum Zweck verhalten…

Unter solchen Gesichtspunkten gehen alle unsere Kümmernisse in letzter Reihe auf die Familie, den Staat, die Kirche; und wer bliebe da sorgenfrei! Es ist wahr, auf dem Gebiete der Kunst und jedem angränzenden treten die bedenklichen Folgen der großen Krisis dieser Zeiten am schärfsten zu Tage. Der Künstler hat davon das dunkle persönliche Schmerzgefühl gehemmter Kraftentfaltung, und der Aesthetiker ist am empfindlichsten gegen die Ursachen dieser Hemmung gestimmt, eben weil er ihre üblen Wirkungen in der leidenden Kunst am schlagendsten vor Augen hat. Aber die Bangigkeit Beider kann nur noch die tiefere Sorge des Socialpolitikers verdoppeln, der, mitten unter jenen Ursachen stehend, beim Anblick der schwankenden Sitte der Gesellschaft und des gestörten Gleichgewichts der menschlichen Anlagen, für das große lebendige Kunstwerk selber zittert…

August Voit
»Über den zeitgemäßen Baustil«, 1850
(Auszug)

… Die Umschau in den Künsten vergangener Zeiten machte mit der geschichtlichen Entwicklung der verschiedenen Künste vertraut, mit ihren Schönheiten, Vorzügen, Mängeln, sowie mit den Hindernissen zur Anwendung in der gegenwärtigen Zeit bekannt, und lehrte uns, wie diese Künste zu einer Selbständigkeit gekommen, was beitrug einen Stil zu bilden, und dessen Klassizität herbeizuführen. Hiernach war es endlich an der Zeit zur Einsicht zu kommen, daß keine dieser Künste vollständig unserer Zeit entspreche, daß wir auf geschichtlicher Basis stehend eine freie Ausbildung zu beginnen haben. Auf diesem Standpunkte stehen wir nun, und da die Baukunst nicht abgesondert von den übrigen Künsten, sogar nicht von allen übrigen Fähigkeiten des Volkes wie der sämtlichen Mitwelt, betrachtet werden kann, vielmehr mit ihnen in innigstem Zusammenhang steht, so fragt es sich nun: hat die Gegenwart die Fähigkeit überhaupt selbständig zu sein, hat sie den Geist, die innere Kraft zum Schaffen?

… König Max hatte bereits ernstlich und reiflich daran gedacht, was der Kunst not tut und sie fördert. Er hat erkannt, daß eine Zeit gekommen sei, in der weder griechische noch italische, selbst auch nicht die gotische Bauart die Ausdrucksweise bleiben kann, da sie sich mit unserer Ideenwelt nicht identifizieren lassen.
… Möchte nun der ernste Entschluß und Wille des Königs Max einen solchen Impuls veranlassen! Der von ihm eingeschlagene Weg ist sicher der richtigste. Er stellt ein Programm zu einer Preisbewerbung auf und macht so alle Kräfte rege, eine zeitgemäße Bauweise zu erstreben.
… Ein Stil gehört selten einer Nation an; er ist vielmehr Gemeingut einer geraumen Zeitperiode. Der griechische, der gotische Stil verbreiteten sich über den größten Teil der Erde.

Zur Aneignung einer Selbständigkeit in der Kunst ist es nicht hinreichend, eine andere Gewölbelinie zu wählen und hiernach die übrigen Teile des Gebäudes harmonisch zu bilden; es ist ferner nicht hinreichend, die horizontale oder vertikale Linie vorzugsweise vorherrschen zu lassen; denn an den gotischen Bauten Deutschlands sind die horizontalen Linien möglichst vermieden, an denjenigen Englands und Frankreichs aber herrschen dieselben vor. Es ist auch nicht alles getan, die Masse zu vermeiden, zu teilen und ein vielgegliedertes Ganze zu gestalten, und so dem Innern des Baues mehr Licht zuzuführen, nicht genügend endlich, die Hauptteile eines Gebäudes so anzulegen und zu ordnen, daß dadurch eine malerische Gruppierung entsteht. Alles dies läßt jeder Stil zu, ohne wesentlich sich zu ändern, ohne dadurch ein anderer Stil zu werden. Wenn also die Unterscheidung der Baustile nicht vorzugsweise in einzelnen äußeren Formen zu suchen ist, worin liegen denn die wesentlichen Unterschiede derselben? Im Geiste der Zeit, welcher sich in dem Gesamtwerke wie in dem kleinsten Teil deutlich ausspricht.

Der Architekt, welcher daher am schärfsten, am richtigsten diesen Geist aufzufassen und wiederzugeben vermag, ist der tüchtigste die Kunst zu fördern und dessen Werke werden den größten Eindruck auf die Mitwelt, vielleicht auch erst auf die künftige Generation machen … Es gehört eine Ausbildung des Verstandes und Gemütes, es gehört eine Konzentrierung aller geistigen Kräfte der Zeit in einem Manne dazu, das rechte zu finden, den richtigen Weg einzuschlagen, das Unwesentliche nicht statt des Wesentlichen zu nehmen, und im Sinne und Geiste der Zeit zu denken und durch seine Werke äußerlich darzustellen, was in dem Wesen der Zeit ruht und schlummert … Er muß vor allem durch die Geschichte den Zusammenhang der gegenwärtigen Zeit mit der vergangenen sich klar vor Augen stellen, die Karaktere der Nationen, insbesondere den Geist des Volkes und der Zeit, worin er lebt, genau kennenlernen, sodann eine edle Bildung und einen feinen Geschmack sich aneignen; nach Erwerbung dieser Ausbildung und Kenntnisse ferner bedacht sein, die inneren Einrichtungen der Gebäude ihrem Gebrauche, ihrer Benützung gemäß anzuordnen, das Äußere derselben so zu gestalten, daß es den Gebrauch offenbare und klar ohne Zweideutigkeit ausspreche…

Mit dem Fortschritte der übrigen Wissenschaften, Kenntnisse steht der Architektur Vervollkommnung in Wechselwirkung; Chemie, Statik, Mechanik bereichern die Bautechnik und gewähren die Mittel zu ihrer Ausbildung. Wie aber vieles auf diese Ausbildung günstigen Einfluß übt, so gibt es auch viele Einwirkungen, die zum entgegengesetzten Ziele führen, z. B. Eroberungskriege, Luxus, Sittenverderbnis, Sklaverei und Schwächung des Gemeinsinnes …

Die gegenwärtigen Verhältnisse sind nicht derart, daß große immense Werke wie die der alten Ägypter oder des Mittelalters entstehen können, da kein so großer Enthusiasmus, keine so große Aufopferung der einzelnen Interessen, keine so ausgedehnte Gemeinsamkeit, kein so entschiedener Nationalstolz wie damals besteht. An die jetzige Architektur dürfen keine Ansprüche auf Grandiosität, Überschwenglichkeit gemacht werden. Sie muß sich damit begnügen und ihre Stärke darin suchen, den Menschen eine angenehme, reizende Umgebung zu schaffen.

Einladung zu einer Preisbewerbung, die Anfertigung eines Bauplans zu einer höheren Bildungs- und Unterrichts-Anstalt betreffend, 1850
(Auszug)

In keinem Gebiete der bildenden Kunst hat sich das Streben nach einer neuen, natur- und zeitgemäßen, volks- und ortseigentümlichen Entwicklung seither auf eine so entschiedene und augenfällige Weise geltend zu machen gesucht, als in dem der Baukunst. Doch sind die Richtungen und Wege, auf welchen unsere Architekten dabei zum Ziele zu gelangen hoffen, sehr verschieden, und während die einen das Heil ihrer Kunst von dem unbedingten Anschluß an die klassischen Bauformen der Griechen und Römer, von dem heiteren und schmuckreichen Fassadenstil der Renaissance, ja von der barocken Schwerfälligkeit des Rococo erwarten, andere dagegen die reine Wiederaufnahme des romanischen oder gotischen Baustils als einzige Bedingung einer nationalen Wiedergeburt für unsere Architektur fordern, sehen wir noch andere bemüht, mittels einer Verschmelzung der Elemente und Eigentümlichkeiten dieser verschiedenen Stilgattungen eine neue, bis dahin noch nicht dagewesene Bauart zu begründen. Ob letzteres überhaupt möglich, ob das in unserer Zeit liegende, nach einer organisch vollendeten Gestaltung aller Lebensverhältnisse und Lebenskräfte im nationalen Sinne ringende Element auch der Baukunst zugut kommen wird, darüber kann allerdings nur die Erfahrung späterer Zeiten entscheiden.

Um aber den lebenden Architekten neuen Anlaß und Gelegenheit zu geben, bei diesem Ringen der Gegenwart nach einer nationalen Neugestaltung der Architektur, ihren Neigungen und Kräften gemäß, sich zu beteiligen, wird, mit Ermächtigung Seiner Majestät des regierenden Königs Maximilian von Bayern, eine freie Preis-Bewerbung zur Anfertigung eines Bauplanes für eine höhere Bildungs- und Unterrichtsanstalt nach dem beifolgenden Programme und den weiter dort angegebenen Bestimmungen hiermit eröffnet.

Man geht dabei von der Überzeugung aus, daß der fragliche Zweck nur im unmittelbaren Anschluß an eine bestimmte praktische Aufgabe von entsprechender Würdigkeit und Größe sich werde erreichen lassen, indem die Herstellung eines Bauwerkes, in dessen gesamter Erscheinung der Charakter der Zeit so recht unverkennbar seinen verständlichen Ausdruck fände, in welchem die Ideen und Bestrebungen der Gegenwart sich verkörpert sähen und bei dem zugleich die seitherigen Erfahrungen der Architektur, die nach allen Seiten hin ausgreifenden staunenswerten Fortschritte der Technik, die gesamte Errungenschaft der Vergangenheit an konstruktiven und ornamentalen Vorbildern, das außerordentlich erweiterte Feld des Materials in unbeschränkter Freiheit und sowohl dem Zwecke wie dem Charakter des Gebäudes selbst angemessen und mit dem möglichsten Haushalte in den Mitteln benützt werde, unstreitig von den wirksamsten Folgen auch für die entferntere Zukunft der Baukunst sein müßte. Ist der Architekt von dem vollen Inhalt seiner Aufgabe, von der Idee des Bauwerks, das er zu schaffen hat, und dessen Zweckbestimmung ganz erfüllt und durchdrungen, und versteht er es, die technischen Grundbedingungen alles architektonischen Schaffens, nämlich den von dem Baubedürfnis abhängigen und die gesamte Raumanlage bestimmenden Grundplan und die von der Örtlichkeit, dem Klima und Baumaterial bedingte, auf die Gesamtgliederung und die ornamentale Einzelgestaltung des Bauwerkes rückwirkende Konstruktion, mit den höheren Anforderungen jener Ideen in lebendigen Einklang zu bringen, weiß er den Charakter praktischer Zweckmässigkeit und heiterer Behaglichkeit mit dem der Einfachheit und Schönheit zu verbinden; so kann es nicht fehlen, daß das Gebäude ein in sich vollendetes ausdrucksvolles und schönes Ganze in dem angedeuteten Sinne bilden werde.

Wenn nun aber auch den konkurrierenden Künstlern keinerlei Zwang aufzuerlegen ist, und es namentlich wünschenswert erscheint, daß sie sich in voller Freiheit der verschiedenen Baustile und ihrer Ornamentik zur zweckmäßigen Losung der vorliegenden Aufgabe bedienen, damit die zu erwählende Bauart keinem der bekannten Baustile ausschließlich und speziell angehöre, so soll doch auch nicht verschwiegen bleiben, da es sich hier um die Herstellung eines Gebäudes in Deutschland und im deutschen Sinne und Interesse handelt, daß es vielleicht zweckdienlich erscheinen dürfte, bei dem Entwurf dazu das Formenprinzip der altdeutschen, sogenannten gotischen Architektur, und beim Ornament die Anwendung deutscher Tier- und Pflanzenformen, wo möglich, nicht ganz aus den Augen zu lassen...

Königliche Akademie der bildenden Künste in München

Wilhelm v. Kaulbach, Direktor

Erläuternde Bemerkungen in Bezug auf
das architektonische Preisprogramm

… Ein rein geistiges Moment, das auf die
Architektur Einfluß hat, steht obenan, der Geist
der Zeit, in welcher die Bauwerke entstehen.
Als die Grundideen unserer Epoche kann man
teilweise bezeichnen das Streben nach Freiheit,
freier Entwicklung und zwangloser Übung aller
physischen und moralischen Kräfte, Ideen,
welche auch in der Architektur ihren Ausdruck
zu finden verlangen. Die politischen und sozialen
Verhältnisse, welche ganz besonders den Unterschied der Bauwerke der Zeit nach begründen,
sind andere geworden und lassen ganz andere
Bauwerke als früher entstehen.

Der heutigen Architektur steht überdies noch
die ganze Errungenschaft der Vergangenheit an
Vorbildern und Technik zur Verfügung. Ein ge-
schickter Baumeister wird sich der vorhandenen
Bauformen, der klassischen sowohl als der ro-
mantischen, der geraden Linie, des Rund- und
Spitzbogens mit ihrer Ornamentik in voller Freiheit zur Befriedigung der Gegenwart bedienen
und sie zu einem originellen, schönen, organischen Ganzen verbinden.

… Eine scharf ausgesprochene Anforderung
der Gegenwart an die Baukunst ist die Verbindung praktischer Zweckmäßigkeit mit möglichster Kostenersparnis. Der Charakter einer zeitgemäßen Architektur muß daher sein: praktische
Zweckmäßigkeit, Komfort des Lebens, Einfachheit und Schönheit nach der gegenwärtigen
Ausbildung der Technik, verbunden mit dem
möglichsten Haushalte in den Mitteln.

Schreiben von Maximilian II an die Architekten Voit und Ziebland in München, Hansen in Wien, Hitzig und Schnaase in Berlin, Hübsch in Karlsruhe
4. November 1860
(Auszug)

… Bei vielem, was als geglückt und für die Entwicklung der Architektur bedeutungsvoll bezeichnet werden darf, hat sich doch die Hoffnung
bis jetzt noch nicht erfüllt, ein einfaches, charakteristisches, neues und durchgreifendes Stilprinzip zu finden, welches an die lokalen und
materiellen Bedingungen anknüpfend, zugleich
einer so reichen ästhetischen Nuancierung und
Umbildung fähig wäre, als die sehr mannigfachen
baulichen Zwecke der modernen Gesellschaft
erfordern.

Es entsteht nun die Frage, ob überhaupt die
Grundformen der baulichen Konstruktion ein für
allemal erschöpft seien und die Architektur von
nun an auf einen völlig subjektiven Eklektizismus
angewiesen sei oder ob wir nur etwa in einer
Übergangsepoche stehen, aus deren Gärung
sich über kurz oder lang neue Stilweisen entwik-
keln und Herrschaft und Geltung in weiteren
Kreisen gewinnen würden. Hierüber zunächst
wünschen Seine Majestät die Ansicht … (An-
rede) … zu vernehmen. Seine Majestät verheh-
len Sich die Schwierigkeiten dieser Frage nicht,
auf welche allein die historische Entwicklung
unserer nächsten Zukunft die entscheidende
Antwort geben kann. Aber einem Monarchen,
der umfassende bauliche Unternehmungen ver-
anlaßt, muß es wichtig sein, sich in jeder Phase
des Entwicklungsganges über das bereits Er-
reichte und das, was zunächst zu hoffen ist,
sorgfältig zu orientieren. So ist es Sr. Majestät
nicht entgangen, daß die Schinkel'sche Schule
in Berlin schöne Erfolge erzielt und dem Privat-
bau ein zugleich charakteristisches und edles
Gepräge gegeben hat. Schinkel knüpfte an die
antike Architektur an, was zunächst in der Wahl-
verwandtschaft seines Genies mit der helleni-
schen Kunst seinen Grund hatte, aber auch in
einem Grundzuge der Zeit, die Architektur wieder
auf reine und konsequente Gesetze, wie die
griechische Architektur sie befolgt, zurückzu-
führen und das willkürliche Spiel des Geschmak-
kes zu verbannen.

In ähnlichem Sinne ließe sich vielleicht eine
Regeneration des Privatbaues auch an anderen
Orten denken, ohne darum die Muster der neuen
Berliner Schule sklavisch nachzuahmen. Es käme
darauf an, die strengen Forderungen einer stetigen Durchdringung von Innerem und Äußerem,
von Konstruktion und Dekoration, die organische Entfaltung jedes architektonischen Elementes in Schinkels Sinne zu vollziehen, in Schin-

kels Geist sich in die strenge Zucht antiker Einfachheit und Größe zu fügen, zugleich aber sich von dem unmittelbaren Vorbilde zu emanzipieren und in der Formengebung sowohl die ästhetischen Forderungen als die materiellen Bedingungen der modernen Welt eigentümlich auszuprägen. Wäre es z. B. bei der Bedeutung, die das Eisen und der gebrannte Ziegel heutzutage gewonnen, nicht zu hoffen, daß durch neue Verbindungen des Materials auch neue konstruktive Prinzipien sich entwickelten? Und in welcher Weise würde man dem Drange der Zeit, mit ihren eigenen Mitteln zu operieren, am besten Vorschub und Förderung angedeihen lassen?

... Schließlich drängt sich noch eine Wahrnehmung auf, die neben so manchen, einer großen gemeinsamen Entwicklung der Architektur hinderlichen Erscheinungen auch wieder Hoffnungen erwecken möchte: mitten unter den zentrifugalen Mächten der Gegenwart und den Bestrebungen, der individuellen Freiheit im Leben und in der Kunst schrankenlos zum Durchbruch zu verhelfen, sehen wir in unserem deutschen Vaterlande das immer mehr erstarkende Streben, gegenüber den ungleich mehr zentralisierten Nachbarvölkern auch dem deutschen Geiste zu einem großen nationalen Ausdrucke zu verhelfen. Und so ist nichts wahrscheinlicher, als daß auch eine Architektur, der es gelingt, die Grundzüge des deutschen Nationalcharakters zur Anschauung zu bringen, und in originalen Schöpfungen deutsche Geistes- und Gemütsart zu offenbaren, des allgemeinen Beifalls gewiß sein dürfte.

Dies Gefühl lag schon den unfruchtbaren Versuchen zu Grunde, die Gotik wieder zu beleben. Aber wäre auch der gotische Stil, was er nicht ist, ein reines Erzeugnis germanischen Geistes, so würde doch mit seiner Wiedereinführung eben nur der mittelalterliche Geist der deutschen Nation wieder aufgeweckt, und die modernen Bedürfnisse unseres Volkes kämen dabei nicht zu ihrem Rechte ...

Die Symposien des Königs Maximilian II.
Paul Heyse in »Jugenderinnerungen und Bekenntnisse«

Was diesen Abenden aber einen besonderen Reiz und Wert verlieh, war die unbedingte Redefreiheit, die zuweilen sogar in sehr unhöflichem Maße an die Grenze des Zanks sich verirrte. Hatte man in der Hitze des Gefechts dann vergessen, daß die Gegenwart des Königs doch einige Rücksicht erheischte, und hielt plötzlich inne mit einer Entschuldigung, daß man sich zu weit habe fortreißen lassen, so bemerkte der König mit freundlichem Lächeln: »Ich bitte, sich ja keinen Zwang anzutun. Ich habe nichts lieber, als wenn die Geister aufeinanderplatzen.« Für den Wahrheitstrieb des Fürsten kann ich kein schlagenderes Beispiel angeben als jenes Symposion vom 21. April 1855, zu welchem alle bedeutenden Architekten Münchens geladen waren, um sich über den Lieblingsgedanken des Königs, ob ein neuer Baustil zu schaffen sei, freimütig zu äußern. Der Gedanke entsprach dem Wunsch, nicht ferner, wie König Ludwig getan, Bauwerke der verschiedensten Zeiten und Stile zu kopieren und sich eigener Erfindung zu enthalten, sondern es womöglich mit völlig neuen Formen zu versuchen. Daß kein Fürst der Welt eigenmächtig in die Entwicklung dieser so eminent volkstümlichen, aus notwendigen Kulturbedingungen hervorspriessenden Kunst eingreifen könne, war dem Könige nicht aufgegangen. Er hoffte, durch seinen guten Willen und eine reiche Belohnung einem schöpferischen Genius auf einen neuen Weg verhelfen zu können

Nun gereichte es ebensowohl ihm selbst wie den Männern, die er befragte, zur Ehre, daß nicht ein einziger darunter war, der dem königlichen Wahn zu schmeicheln suchte, vielmehr einer nach dem andern die Unmöglichkeit eines aus dem Boden gestampften neuen Baustils nachwies. Der König hörte jeden mit gespannter Aufmerksamkeit an, ohne eine Äußerung der Ungeduld oder des Unmuts, und dankte schließlich dem ganzen Kreise für die Offenheit, mit der man sich ausgesprochen.

In der Sache freilich wurde dadurch nichts geändert. Der Bau der Maximilianstraße und des Maximilianeums wurde fortgesetzt. Denn allerdings war König Max kein Mann der Tat, sondern beschaulicher Betrachtung, und manchmal kam die theoretische Erkenntnis zu spät, wenn ein praktischer Schritt nicht mehr zurückgetan werden konnte.

**Theodor Fischer
Ansprache zur Eröffnung des
Ledigenheims**
»Die Bauzeitung«, 1927

... Ich will von diesen Mauern umgeben sagen, was ich nun, am Abend eines arbeitsreichen Lebens angelangt, für die Baukunst und im besonderen für die Baukunst von München zu sagen für nötig halte. Ich selbst komme aus der historisch gerichteten Zeit der Architektur und werde niemals diese Herkunft verleugnen. Aber ich sehe die Dinge ringsum in Bewegung; ich halte es für einen Irrtum, die Kunst als etwas abseits vom Leben Bestehendes und Verharrendes, als etwas Zuständliches anzusehen, in dem man mit Behagen und ewigem Genießen sich auf die Dauer hinlagern könnte. Solche Meinungen, die mit dem Wort Tradition hausieren gehen, sind widernatürlich: die Natur aber rächt sich, wenn ihr stets neu keimendes, blühendes und welkendes Leben derart mumifiziert werden soll, durch Unfruchtbarkeit und auch durch explosiven Umsturz. Da hilft keine Selbsttäuschung, noch die stete Wiederholung, daß es doch nicht so schlimm stehe. Ehrliche Arbeit, von innen heraus organisch wirkende, nicht Fassade und Repräsentation tut not. Nicht das Schamtuch staubiger Harmonie ewig neu flicken, tut not, sondern der Mut der Nacktheit. Nicht Sandhaufen türmen, um Köpfe hineinzustecken, sondern Aufräumen und Klarheit schaffen und gelegentlich wieder einmal die Türen aufmachen, daß frische Luft hereinbläst.

Der Bau, der heute lebendig werden soll, steht etwas fremd zwischen seinen Nachbarn; ich weiß das und doch halte ich ihn für gut münchnerisch, — wenn ich eben das Münchnerische frisch und gesund auffasse. Verwandtes grüßt aus der Vergangenheit, aus der Zeit, wo Bürgerkraft hohe Kirchen baute, hier und isarabwärts, jene Kraft, die immer wieder durchschimmert durch die welsche, höfische Dekorationen der späteren Zeit ...

**Theodor Fischer
Münchens Zukunft im Bauen
Kritik und Ausblick**
»Die Bauzeitung«, 1927

... Der Generalbaulinienplan, den ich vor 30 Jahren für München gemacht habe, ist längst veraltet. Wer konnte damals die Entwicklung voraussehen, die der Verkehr genommen hat und nimmt? Von Grund aus neue Anschauungen sind im Siedlungswesen mit und nach dem Krieg eingezogen. Ein neues Raumgefühl, Sinn für weite Horizonte und große Zusammenschlüsse lösen die in plastischer Einzelform sich genügende letzte Vergangenheit ab. Also von vorne anfangen! Große Verkehrszüge entsprechen der zentrifugalen Entwicklung einer Stadt, die gegen die Million hinwächst. Eine neue Verbindung mit der freien Natur ermöglicht der leichte Verkehr. Das hoffnungslos Niederdrückende der geschlossenen zentripetalen Großstadt löst sich. Wird dieser Augenblick, der über die Zukunft der Stadt entscheidet, die richtigen Kräfte an der richtigen Stelle finden? Werden die Personen, die von Amts wegen an der Arbeit sind, die Freiheit des Schaffens finden, die Voraussetzung ist eines guten Gelingens? Nicht die Aufstellung eines Idealprogramms, auch nicht eine Aneinanderreihung von Vorschlägen für Stadthaus, Museen und Institute ist nötig, sondern die Grundfrage drängt sich vor: ist München, ist Bayern aufgeschlossen für eine neue Zeit der künstlerischen Durchdringung des Lebens, einer lebendig vorwärtsstrebenden Tätigkeit, die uns wieder an die Spitze bringen könnte?

Daß diese Frage weit ausholend ist, liegt auf der Hand. An Talenten ist München reich wie immer; aber sie liegen zum großen Teil brach. Es ist einer von den Irrtümern der verflossenen Zeit, daß man den Stand der Kunst von dem Vorrat an Talenten abhängig glaubt. Richtig ist, daß das Volk mit seinen Einrichtungen die Kunst macht. Jeder einzelne ist mitverantworlich. Der Künstler ist die ausführende Hand: er ist immer zu finden. Nur darauf kommt es an, daß ein Volk die Kunst will und die Richtigen zu finden weiß. Wenn aber ein Volk in der Kunst nur das Schmückende, das Ueberflüssige sieht, so ist das der Anfang vom Ende. Dann ist das Geschmackliche allenfalls noch im Wert, und schließlich begnügt man sich damit, daß die Harmonie gewahrt werde, der »Galerieton« im Stadtbild (cf. den dunkel-engobierten Dachziegel, dieses Angsterzeugnis).

Die Angst vor dem Charakteristischen, die Neigung, andere, etwa die am Rhein oder an der Wasserkante sich die Finger an Problemen verbrennen zu lassen — ist das nicht ein wenig das Bezeichnende unseres Zustands? Vom Standpunkt des Fremdenverkehrs ist alles wohl begreiflich, seit langem in München ein halb offener, halb schämig verdeckter Standpunkt. Aber mit der von innen heraus lebendig wachsenden und sich selbst genügenden Arbeit hat Repräsentation wenig oder nichts zu tun. Es gibt Häuser, hinter deren prunkvoller Fassade dürftige Verhältnisse sich fretten. Oh! Die Fassade!

Paul Renner
Diskussionsbeitrag zu einer Tagung des »Münchner Bundes«
»Die Bauzeitung« 1927
(Auszug)

Von den baubehördlichen Schikanen gegen den reinen Zweckbau und das flache Dach will ich lieber gar nicht sprechen. Das Schlimmste ist, daß auch unsere Jüngsten allem Neuen gegenüber eine gewisse Swinegel-Ueberlegenheit zur Schau tragen und darin von der Kritik bestärkt werden. Sie haben jede neue Bewegung schon hinter sich, ohne sich auch nur vom Platze gerührt zu haben. Wenn dann der Hase einmal, wie jetzt, eine andere Richtung einschlägt, verschwindet er ganz aus ihrem Horizont.

Wie war es möglich, daß gerade die Kunststadt München den Anschluß an die neue Kunst verloren hat? Daran ist zu allermeist der falsche Kunstbegriff schuld, der sich schon im Worte Kunststadt selbst äußert. Kunst ist in dieser Wortbildung etwas Besonderes, eine Art Bindestrich-Kunst, die sich zur Gestaltung verhält wie eine zur Orthodoxie erstarrte Kirche zu lebendiger Religiosität. Kunst bedeutet hier eine bestimmte die Zunft verpflichtende Kunstform, neben der jede andere zur Nicht-Kunst, zur Ketzerei wird. Sie bedeutet eine festliche, keineswegs alltägliche, eine immer äußerlicher werdende Angelegenheit für Sonn- und Feiertage. Dieser falsche Kunstbegriff ist mit unausrottbarem Historismus verknüpft, dessen Kampfgeschrei heißt: Tradition und alte Kultur. Dieser falsche Kunstbegriff macht aus der Kunst eine Sache der bürgerlichen Repräsentation, der Künstlerfeste, der Fremdenattraktion ...

Wir müssen unseren Begriff von Kunst revidieren. Aber was können wir dann tun, um schnellstens die Vorgaben der anderen Städte aufzuholen? Es gäbe einen sicheren Weg. Wir sollten den abgeklärtesten der modernen Architekten, etwa den Rotterdamer Stadtbaumeister Oud, hierher rufen und ihm die Vollmachten geben, die der Frankfurter Stadtbaurat May hat. Für alle Reparaturen und Ergänzungen in unserem lieben alten Stadtbild haben wir erprobte Meister

genug. Es gilt das neue München aufzubauen ...
Die Berufung Ouds, das wäre wie einst die Berufung van de Veldes nach Weimar ...

Die Kultur, für die wir hier sprechen, hat mit dem Fortschrittsoptimismus des 19. Jahrhunderts nichts gemein. Sie will nicht dem verfeinerten Lebensgenuß und dem bürgerlichen Behagen dienen. Dennoch ist sie vorwärts, nicht rückwärts gerichtet. Sie identifiziert sich mit keiner historischen Form. Die Schicksalsfrage, die an München gerichtet wird, heißt: Will es endlich seinen starren Blick von der Vergangenheit ablösen und hinwenden auf dieses uns allen gemeinsames Ziel. Denn Kultur heißt nicht träges Beharren in irgendeiner ehrwürdigen historischen Form, sondern ewige Erneuerung unter der Hierarchie der Werte.

Rudolf Pfister
Stuttgart, eine aufsteigende Stadt – und München?
»Die Baukunst« 1928
(Auszug)

... Wir wollen uns einmal ehrlich und sine ira et studio vor die Frage stellen: Wie würde eine Publikation »Das neue München« aussehen? Es würde gewiß manches Gute darin sein, aber würde auch nur eine Aufgabe städtebaulicher oder architektonischer Art aufzubringen sein, die ihrem Format nach Münchens Größe und Tradition würdig repräsentieren könnte? Dem Stuttgarter Bahnhof, dem Hindenburgbau, dem Tagblatt-Turm, dem Kaufhaus Schocken etwa hat München doch eben nichts gegenüberzustellen, wenn wir die Kühnheit fortschrittlicher Gesinnung und den Unternehmungsgeist als Triebfeder menschlichen Schaffens in den entstandenen Werken aufsuchen. Alle derartigen Erwägungen, denen wir auch in der »Baukunst« Raum gegeben haben, pflegen in München mit allgemeinen Redensarten abgetan zu werden, wie etwa: »Man soll nicht das eigene Nest beschmutzen« oder »Kritisieren ist leicht, Bessermachen schwer« oder »das ewige Nörgeln und Schimpfen in den eigenen Reihen schädigt den Ruf Münchens« oder »wer in die Parole vom Niedergang Münchens als Kunststadt einstimmt, ist ein Verräter an der guten Sache« und dergl. mehr. Und auch der Sinn von Theodor Fischers an sich gutem Wort »Gott schütze München vor seinen allzu eifrigen Freunden« wird hier so umgebogen, daß er als bequeme Deckung für Unzulängliches dient. Eine Vogel-Strauß-Politik, die so weit gediehen ist, daß man wirklich nicht mehr den Mut hat, die Dinge beim rechten Namen zu nennen, und schon nicht mehr verträgt, die Wahrheit auch in der zurückhaltendsten Form zu hören. Wenn uns die bösen Berliner gelegentlich einen Spiegel vorhalten, so ist das natürlich nur Neid und Mißgunst, und jeder, der von außen nach München irgendwelche Ideen hereinzutragen sucht, ist von vornherein verdächtig und abzulehnen. Aber auch den eigenen Mitbürgern wird zur rechten Zeit ein solider Prügel zwischen die Beine geworfen, wenn sie sich nämlich erkühnen, Projekte zu machen, die über das übliche bürgerliche Münchner Maß hinausgehen und auf die bodenständige Nettigkeit nicht gebührend Rücksicht nehmen...

Zur Parallele Stuttgart-München zum Schluß eine ganz schlichte Tatsache: Wenn man früher in Norddeutschland einen tüchtigen, jungen Architekten brauchte, wendete man sich nach – München, heute schreibt man nach – Stuttgart!

Hans Eckstein
Die Kunststadt München und das neue Bauen
»Kunst und Künstler«, Jg. 1930/31
(Auszug)

Es wurde gegen Ende des neunzehnten Jahrhunderts in München geschmackvoller gebaut als andernorts. Die dekorative Geschicklichkeit eines Gabriel Seidl suchte ihresgleichen. In andern Städten baute sich das Bürgertum dieselben Renaissance- und Barockkulissen. Aber nur in München gaben sie einem in der Freude am schönen Schein sich sorglos tummelnden Leben den natürlichen Rahmen. Die geschichts-, karnevals-, kunsttolle Lenbachzeit gab ihnen einen Sinn, den sie dort entbehren mußten, wo das Leben nüchterner, kahler, sicher aber nicht ungesunder war. An den städtebaulichen Leistungen unter Ludwig I. und Max II., an der mit der Tradition der altstädtischen Bauform radikal brechenden Anlage der Ludwigstraße, die trotz aller klassizistischen Romantik eine eminent moderne Zeitidee verwirklichte, hatte das eigentliche Münchnertum noch keinen entscheidenden Anteil. Seine kulturelle Herrschaft begann erst, als Leibl und die Maler um ihn München verlassen hatten und Lenbach der heimliche Regent der Kunststadt geworden war. Die prunk-, kostüm-, modefreudige Kunst der »Allotria« und die zu ihr gehörende Architektur war ganz nach dem Sinne des Münchner Bürgertums. Die allgemeine Begeisterung, die dieses nun wirklich münchnerisch gewordene München in einer am gefällig Dekorativen Genüge findenden Zeit auslöste, ließ im Münchnertum den Anspruch auf kulturelle Führung groß werden. München hat in der Folgezeit an diesem Anspruch festgehalten — um so krampfhafter, je mehr es den Zusammenhang mit den produktiven Kräften der Zeit verlor. Die neuen Bewegungen sind zwar durch München hindurch-, ja teilweise von ihm ausgegangen, konnten aber in München selbst nicht mehr Boden gewinnen. Das Münchnertum blieb Herr seiner Stadt und sein Geist und Horizont bestimmt das kulturelle Gesicht der Kunststadt bis auf unsere Tage.

Ein neues München in dem Sinne, wie von einem neuen Frankfurt, einem neuen Berlin, einem neuen Stuttgart gesprochen werden darf, gibt es nicht. Das Münchnertum erblickt seine welthistorische Aufgabe in der Erhaltung der Tradition seiner nach außen glänzendsten Epoche und ist in gefährlicher Bewußtheit seiner »Eigenart«, darauf bedacht, seine »Atmosphäre« von »Erscheinungen und Extravaganzen, die in Mode gekommene Kunststätten aufweisen« (Worte des Oberbürgermeisters), rein zu halten. Gewiß konnten sich trotz des durch politische Ressen-timents bis zur Feindseligkeit verstärkten Widerstandes gegen alles Neue, Zeitgebotene, Zukunftsträchtige sehr vereinzelt auch Bestrebungen durchsetzen, die im Zusammenhang mit der heutigen europäischen Baugesinnung stehen. Der herrschende Einfluß der traditionalistischen Münchner Schule, die bis auf verschwindende Ausnahmen (Oswald Bieber) das künstlerische Niveau eines Seidl keineswegs gewahrt hat, ist jedoch mit diesen schwer und spät errungenen guten Ansätzen noch lange nicht gebrochen. Auch wo man von modernen Baugedanken nicht völlig unberührt ist, wie bei dem Gebäude des Landesamts für Maß und Gewicht, des neuen Flugbahnhofs, beim Funkhaus, hat man sich von den ästhetischen Anschauungen der retrospektiven Münchner Schule nur selten ganz frei machen können; teilweise wurden auch die neuen Formen ins Kunstgewerbliche abgebogen ...

Den entscheidensten Durchstoß zur heutigen Bauform aber hat eine junge staatliche Bauverwaltung vollzogen: die seit 1921 bestehende, dem Ministerialrat R. Poeverlein unterstellte Hochbauverwaltung der bayrischen Abteilung des Reichspostministeriums. Was die Bauabteilung der Münchner Oberpostdirektion unter Robert Vorhoelzer, der sich in der Durchbildung junger Architekten als ein ungewöhnlich begabter Pädagoge erwiesen hat, geleistet hat, zeugt durchaus von einer einheitlichen Grundgesinnung, wenn auch der Weg von einer höchst qualitätvollen Anpassung an Vorhandenes, von einer noch mehr oder weniger im Traditionellen verhafteten Bauweise zu einer neuen gegenwärtigen Form nur mählich gefunden wurde. Die ersten Bauten, wie das in der klaren Grundrißgestaltung und Disponierung der Baumassen vorzügliche Verwaltungsgebäude der Oberpostdirektion, die Randbebauung des Paketzustellamtes, die Straßenfront des Postgebäudes an der Galeriestraße, zeigen noch klassizistische Einzelformen. Die bis ins kleinste Detail wohldurchdachte zweckgerechte Gestaltung der Schalterräume aber, die sich von dem Umbau des Postscheckamtes bis zu den neuesten Postdiensträumen immer mehr zu einem je nach den verschiedenen praktischen Bedürfnissen und Raumverhältnissen abwandelbaren Typus entwickelt haben, wiesen den Weg zu einer entsprechenden Neugestaltung auch der äußeren Erscheinungsform der Gebäude, womit der unmittelbare Anschluß an die neue europäische Bauform gefunden wurde. Das letzte rückhaltlose Bekenntnis zur Gegenwart war in Anbetracht der Gegnerschaft des Münchner Lokalgeistes gegen das neue Bauen und der begeisterten Aufnahme, die die früheren Postbauten gefunden hatten, eine persönlich mutige Tat Vorhoelzers und seines Nachfolgers Franz Holzhammers. Es will scheinen, als sei hier das Werk des Münchner Baumeisters und des Lehrmeisters der jungen Architektenschaft, das Werk Theoder Fischers, der in der unerschrockenen Wahrhaftigkeit, mit der er neue Konstruktionen und Materialien (Garnisonkirche in Ulm) verwendete, der neuen Baugesinnung den Weg hat bahnen helfen, weitergeführt worden bis zum endgültigen Durchbruch zur neuen Form. Er ist vollzogen zunächst in der von Vorhoelzer und Walther Schmidt als Versuchssiedlung der Reichforschungsgesellschaft gebauten Siedlung für Postbeamte, noch entschiedener aber in dem neuen Giesinger Postgebäude an der Tegernseer Landstraße und dem in diesem Frühjahr vollendeten großen Wohnbau mit Postamt in der Fraunhoferstraße von demselben Architekten.

Das Münchnertum fühlte einen Einbruch fremden Geistes in die Atmosphäre seiner Stadt; die Presse wurde in ihrer Kritik des Baues an der Tegernseer Landstraße ausfällig. Es ist richtig: mit der Architektur der retrospektiven Münchner Schule und der Lenbachzeit besteht hier keine geistige Verbindung mehr. Aber Vorhoelzers Giesinger Bau, der in einem Vorstadtviertel von grauenhafter Häßlichkeit eine wirre Straßenkreuzung zu einem klargeordneten Platz hat werden lassen, begegnet sich mit den Klenzeschen und Gärtnerschen Bauten: er stellt eine reifere, die entromantisierte und enthistorisierte Stilstufe jener seinerzeit gleicherweise moderneuropäischen und gleicherweise von dem Münchnertum mindestens mit passiver Resistenz bekämpften Baugesinnung dar. Wenn einmal ein neues München erstehen sollte, so wird dieses neue Münchner Stadtgesicht in Vorhoelzers und seiner Mitarbeiter baulicher Leistung seine Keimzelle haben.

Literaturhinweis

Zum historischen Material der Ausstellung:

Ausstellungskataloge

»Die Zwanziger Jahre in München«, Münchner Stadtmuseum 1979. Katalog herausgegeben von Christoph Stölzl, Architekturteil bearbeitet von Winfried Nerdinger.

»Klassizismus in Bayern, Schwaben und Franken, Architekturzeichnungen 1775–1825«, Münchner Stadtmuseum 1980. Katalog herausgegeben von Winfried Nerdinger.

»Der Glaspalast 1854–1931«, Münchner Stadtmuseum 1981. Katalog herausgegeben von Volker Hütsch.

»Vom Glaspalast zum Gaskessel – Münchens Weg ins technische Zeitalter«, Deutsches Museum München 1978. Katalog herausgegeben vom Bayerischen Amt für Denkmalpflege in Zusammenarbeit mit dem Verein zur Förderung der Industrie-Archäologie e.V., München.

»München, Photographische Ansichten 1885 bis 1915«, Die Neue Sammlung 1977. Konzeption: Klaus-Jürgen Sembach.

Zeitschriften (1800–1930)

Allgemeine Bauzeitung
Baukunst
Bauwelt
Der Baumeister
Deutsche Bauzeitung
Deutsches Kunstblatt
Die Bauzeitung
Die Form
Illustrirte Zeitung (Leipzig)
Kunst- und Gewerbblatt des polytechnischen Vereins im Königreich Bayern
Kunst und Künstler
Monatsblatt für Bauwesen und Landesverschönerung
Süddeutsche Bauzeitung
Wasmuths Monatshefte für Baukunst
Wöchentlicher Anzeiger für Kunst- und Gewerbefleiß im Königreich Baiern
Zeitschrift des Bayerischen Architekten- und Ingenieurvereins
Zeitschrift des Vereins zur Ausbildung der Gewerke

Zeitschrift für Bauwesen
Zeitschrift für Wohnungswesen in Bayern

Bücher, Abhandlungen, Vorträge

Bauen in München 1890–1950, Vortragsreihe in der Bayerischen Akademie der Schönen Künste, Beiträge von Gerd Albers, Heinrich Habel, Winfried Nerdinger, Helmut Gebhard, Walther Schmidt, Friedrich Kurrent. München 1980

Biller, Josef H., und Rasp, Hans-Peter, München, Kunst und Kultur Lexikon, München 1972, Neuauflage 1979

Destouches, Joseph Anton, Die Haupt- und Residenzstadt München, München 1827

Doeberl, Michael, Entwicklungsgeschichte Bayerns, Bd. III, München 1931

Dombart, Theodor, Der Englische Garten zu München, München 1972

Dyck, W. von, Georg von Reichenbach, München 1912

Habel, Heinrich, Architektur des 19. und frühen 20. Jahrhunderts, in: Katalog Bayern, Kunst und Kultur, Münchner Stadtmuseum 1972

Hackelsberger, Christoph, Ein Architekt sieht München, München 1980

Hahn, August, Der Maximiliansstil, in: 100 Jahre Maximilianeum, München 1953

Hallbaum, Franz, Der Landschaftsgarten, sein Entstehen und seine Einführung in Deutschland durch Friedrich Ludwig von Sckell, München 1927

Hart, Franz, Stahlbauten in München und Umgebung, Köln 1971

Hederer, Oswald, Bauten und Plätze in München, Architekturführer, München 1972, 2. Aufl. 1979

Hojer, Gerhard, München – Maximilianstraße und Maximiliansstil, in: Grote, Die deutsche Stadt im 19. Jahrhundert, München 1974

Hojer, Gerhard, und Schmid, Elmar D., Nymphenburg, München 1979

Lieb, Norbert, München, Die Geschichte seiner Kunst, München 1971

Maillinger, Joseph, Bilder-Chronik der Königlichen Haupt- und Residenzstadt München, München 1876 (Bd. 1–3) und 1886 (Bd. 4)

München im Bild, Die Sammlung Carlo Proebst, München 1968

München und seine Bauten, herausgegeben vom Bayerischen Architekten- und Ingenieursverein, München 1912

Postbauten in Bayern, Karlinger, Hans, Bd. I und III, München 1925 und 1934; Popp, Josef, Bd. II, München 1928

Ranke, Winfried, Joseph Albert — Hofphotograph der Bayerischen Könige, München 1977

Reber, Franz, Bautechnischer Führer durch München, München 1876 (Neudruck München 1978)

Rose, Hans, Eine Denkschrift Fr. L. v. Sckells über den Englischen Garten in München, Münchner Jahrbuch, 1931

Roth, Eugen, Der Glaspalast in München 1854 bis 1931, München 1971

Schmidt, Walther, Amtsbauten, Ravensburg 1949

Sckell, C.A., Das Königliche Lustschloß Nymphenburg und seine Gartenanlagen, München 1837

Sckell, Friedrich Ludwig von, Beiträge zur Bildenden Gartenkunst, München 1819

Stölzl, Christoph, Denkmalpflege und Industriekultur, zur Bedeutung und Geschichte der Maximilians-Getreidehalle von 1851 bis 1853, in: Münchner Stadtanzeiger, 18. Juli 1980

Streiter, Richard, Münchner Architektur um 1806 und 1906, in: Darstellungen aus der Geschichte der Technik, der Industrie und der Landwirtschaft in Bayern, München 1906

Wanetschek, Margret, Die Grünanlagen in der Stadtplanung Münchens von 1760–1860, München 1971

Wolf, Georg Jacob, Ein Jahrhundert München, 1800–1900, Leipzig 1935

Zur generellen Thematik der Ausstellung:

Adorno, Theodor W., Funktionalismus heute, in: Ohne Leitbild, Frankfurt 1967

Banham, Reyner, Die Revolution der Architektur, Hamburg 1964 (Theory and Design in the First Machine Age, London 1960)

Behne, Adolf, Der moderne Zweckbau, München 1926

Benevolo, Leonardo, Geschichte der Architektur des 19. und 20. Jahrhunderts, mit einem Nachtrag von Paulhans Peters, München 1978

Bloch, Ernst, Bauten, die eine bessere Welt abbilden, in: Das Prinzip Hoffnung, Teil IV, Abschnitt 38, Frankfurt 1959

Die verborgene Vernunft, Funktionale Gestaltung im 19. Jahrhundert, Ausstellungskatalog, Die Neue Sammlung, München 1971

Fischer, Wend, Geborgenheit und Freiheit, Vom Bauen mit Glas, Krefeld 1970

Giedion, Sigfried, Bauen in Frankreich, Leipzig und Berlin 1928

Giedion, Sigfried, Raum, Zeit und Architektur, Ravensburg 1965 (Space, Time and Architecture, Cambridge 1941)

Greenough, Horatio, Form and Function, Auswahl aus Greenoughs Schriften von 1852, Berkeley 1947

Grote, Ludwig, Funktionalismus und Stil, in: Historismus und Bildende Kunst (Arbeitskreis Kunstgeschichte der Thyssen Stiftung), München 1965

Guyau, Jean-Marie, Die ästhetischen Probleme der Gegenwart, Leipzig 1912 (Les Problèmes de l'esthétique contemporaine, Paris 1884)

Habermas, Jürgen, Die Moderne — ein unvollendetes Projekt, in: Kleine Politische Schriften I–IV, Frankfurt 1981

McGrath, Raymond, und Frost, A.C., Glass in Architecture and Decoration, London 1937

Meyer, A.G., Eisenbauten, Eßlingen 1907

Pevsner, Nikolaus, Architektur und Design, Von der Romantik zur Sachlichkeit, München 1971

Pevsner, Nikolaus, Möglichkeiten und Aspekte des Historismus, in: Historismus und Bildende Kunst (Arbeitskreis Kunstgeschichte der Thyssen Stiftung), München 1965

Platz, Gustav Adolf, Die Baukunst der neuesten Zeit, Berlin 1927

Schaefer, Herwin, Nineteenth Century Modern, The Functional Tradition, New York und Washington 1970

Schumacher, Fritz, Strömungen in Deutscher Baukunst seit 1800, Leipzig 1935

Schwab, Alexander, Das Buch vom Bauen, Berlin 1930

Tendenzen der Zwanziger Jahre, Katalog der 15. Ausstellung des Europarats, Berlin 1977

Tschira, Arnold, Orangerien und Gewächshäuser, Berlin 1939

Zurko, Edward Robert de, Origins of Functionalist Tradition, New York 1957

Fotos und Bildmaterial stellten uns freundlicherweise zur Verfügung:

Architektursammlung der Technischen Universität München
Stadtmuseum München
Stadtarchiv, München
Deutsches Museum, München
Bayerische Staatsbibliothek
Oberpostdirektion München
Landbauamt München